圖解筆記

3天搞懂保險規劃

圖解

精打細算、轉移風險，迎接美滿無憂的人生！

梁亦鴻 / 著

序

2020 年以來，新冠肺炎對世人的衝擊，除了讓經濟上很多「產業」變「慘業」，從業人員因而收入銳減之外，還有就是歷經心靈層面的恐慌與驚懼——那一幕幕的排隊買口罩、打疫苗、搶快篩、等 PCR……依然歷歷在目，很多人這才明白什麼是「意外跟明天誰先到」的道理！

儘管大環境普遍不佳，日子還是要過下去，我們依然很努力地工作、打拼、賺錢，希望藉由「創富」來讓我們的生活過得更好。以往「3 天系列」的書籍，會告訴大家股票、權證、基金、ETF、外幣等投資工具應該怎麼操作、資產應該怎麼配置才好；不過，要如何保住財富（保富）、守住財富（守富），卻還沒有專書討論。

這本《3 天搞懂保險規劃》就在這樣的時空背景下誕生了。

保險商品牽涉到的契約條款及理賠條件，既專業且複雜，除了法律用語之外，還參雜著眾多醫學名詞，對於習慣圖像、影片、短訊息的「划手機」世代而言，可能不是「同一國」的語言。因此，關於壽險要買多少額度才夠？醫療險是要買「實支實付」還是「定額給付」？是要用傳統型保單或是投資型保單規劃壽險等問題，對於一般人來說，可能沒有動機去主動學習、瞭解，因為這些「問題」，都不是迫在眉睫，也不是生活中必然的遭遇，本就不成「問題」！可是，每天電視新聞裡面必播的內容，不就是「意外事故」嗎？車禍、火災、詐騙……這些會發生在我們或是親朋好友間的事故，要麼可能讓我們痛失摯愛，要麼造成我們生活不便，甚至陷入困頓……假如用金錢來量化這中間的損失，付出的代價簡直驚人，我們承擔得起嗎？如果你的答案偏向否定，那麼有沒有想過，有什麼方法可以「填補」這些損失呢？

答案，就是保險！

延續以往「3 天搞懂」的系列風格，我們一樣安排了「三天」的講座。本書第一天的內容「觀念篇」，是想要藉由大家所熟悉的某些保險關鍵字，先跟大家闡述保險的基本觀念。有了這些基本的保險觀念之後，在第二天的內容「工具篇」，我們將進一步介紹個人或家庭必備的保單險種，不管是壽險、醫療險還是意外險，在挑選時，應該注意哪些事項，才能避免白花冤枉錢！在第三天的內容「行動篇」，我們會一起討論人生各階段，從出生到往生、從單身到家族，應該怎麼保，才可以兼具保障之餘，還有資產傳承、節稅的空間。

　　然而，保險既然是以「補足」為著眼點，我們就不宜被熱情的保險業務員牽著鼻子走，導致「保太多」。如果已經確保無論壽命多長，我們都能夠有基本的生活費來源的話，手邊要是還有多餘的資金可供配置，除了可以考慮補強其他的保障（例如醫療或意外），還可以將多餘的資金配置在其他的金融商品或者投資工具，藉由理財收入來讓自己的退休生活過得更從容、更精采！相關的理財工具與做法，讀者可以參考三天系列的其他書籍。

　　本書在寫作的過程當中，曾經就實務上的做法，就教於許多專業的保險經理人；在此要特別感謝中國人壽的黃永祥經理、三商美邦人壽的郭峻瑋經理，提供豐富的實務資訊，讓本書能夠成為讀者們的投保祕笈！

序————————————————————————————————2

保險是風險管理工具？
還是投資工具？

買保險前，這些觀念你都懂嗎？

利率調升之後，儲蓄險的報酬還會高於定存嗎？--------------12
你總繳的保險費，不會跟保險金額一樣----------------------17
保費繳不出來，已繳交的保費放水流？其實你可以這樣做！--------22

外幣保單紅不讓，但它真的適合你嗎？

新臺幣升值，買外幣保單；怎麼新臺幣貶值，也是推銷外幣保單？---28
外幣保單可分為外幣投資型保單和外幣傳統型保單--------------31
外幣有升值的潛力，也有貶值的可能；
匯率變動是外幣保單的最大風險！----------------------------33
想買外幣保單？先搞懂八大點！------------------------------36
外幣保單，愈存愈沒錢？------------------------------------37

買年金險,退休來源不用愁?

年金險,轉嫁變成「下流老人」的風險----------------------------42

規劃年金險,要投入多少保費?可以領回多少保險金?--------53

有了年金險,退休金來源就高枕無憂?-----------------------------57

樂齡退休,就這樣規劃年金險吧!-----------------------------------59

買保險可以節稅?聽信鄉野傳奇小心反而因小失大!

想靠保險節稅?當心節稅不成反而把錢白白繳給國庫!--------64

買保險就會有 3330 萬元免稅額?有先決條件!----------------70

投保時間愈長,就是「免被課稅」的保證?---------------------71

不同的保單,據說會有不同的課稅標準?-----------------------72

父母代替子女繳保費,可以規避贈與稅?-----------------------74

如何做好節稅規劃,國稅局節稅祕笈告訴你!-----------------77

保險規劃五大眉角,傳承財富看過來!--------------------------78

「第一次就上手」專欄

NO.1 保費是年繳好,還是月繳好?--------------------------------82

NO.2 被國稅局盯上的投保特徵------------------------------------87

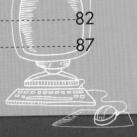

目錄

第2天

保單百百款，
哪幾款是必買標配？

 第**1**小時 壽險商品哪些誤區碰不得？是終身壽險好？
還是定期險好？

既是入門款、也是必備款的險種——壽險--------------------------95

哪兩類人一定要規劃壽險保單？-------------------------------97

定期型 vs. 終身型關係到預算，也關係到「保障年期」-----------98

有終身，也有一年，保障年期這樣選------------------------101

兼具滿期保險金和身故保險金特色的「生死合險」--------------106

第**2**小時 生病住院、病房升等，醫療險有賠嗎？
良好的醫療險要有這些點！

人人有健保，還需要保醫療險嗎？----------------------------110

醫療險該買定期還是終身？-----------------------------------116

實支實付跟定額給付（包括日額給付）有什麼差別？------------118

是該投保重大傷病險，還是重大疾病險？----------------------122

住院醫療險的保額怎麼算？-----------------------------------123

**第3小時　車禍胸腔受傷不幸往生，意外險竟然不賠？
這些狀況要搞清楚，以免花了冤枉錢！**

意外險賠不賠，先看因果關係---126

有壽險跟醫療險了，還要投保意外險嗎？----------------------130

年紀愈大愈容易受傷，所以投保意外險的保費也最貴？--------131

轉職、兼職，職業類別變更，需要通報保險公司----------------134

意外險怎麼保？保費怎麼算較好？---------------------------------137

國內外旅遊必保旅平險，這些要點不能漏----------------------140

第4小時　投資型保單是讓你進可攻退可守，還是讓你進退失據？

投資型保單號稱兼顧保障與投資，但真的是魚與熊掌可以兼得？

還是會因此而顧此失彼呢？---144

投資型保單運作三步驟，衍生出三個誤會----------------------145

投資型保單的「保費」不是固定，「保額」是變動的--------------147

買投資型保單是在避險，還是在冒險？----------------------------149

你繳交的保費，並不是100%都用來投資！-------------------------150

投資型保單到底是進可攻、退可守，還是會讓你進退兩難？--------154

投資型保單的效益不如預期？可考慮投資歸投資、保險歸保險--------156

「第一次就上手」專欄

NO.3　「實支實付醫療險」真的會實支實付嗎？--------------------158

NO.4　保單受益人該怎麼填？---162

目錄

第3天

求神拜佛之外，
保險護身符這樣買！——
家庭財務安全規劃與人身保險

第1小時 **第一次買保險該注意哪些事？這些觀念不可不知！**

五個行動方針，保單規劃按部就班自己來----------------------------170

仙人可以指路，好的顧問可以幫你張起防護傘----------------------171

行動方針❶：找到適合的保險顧問----------------------------------171

行動方針❷：協助自己做需求分析----------------------------------173

行動方針❸：要瞭解基本的保單內容--------------------------------176

行動方針❹：自己能夠負擔多少保費？------------------------------180

行動方針❺：定期保單健診--182

第2小時 **人生各階段與適合的保險商品規劃——
把錢花在刀口上！**

行動方針❶：壽險怎麼保？這個公式讓你知道保障缺口------------184

足夠的保額、精省的保費，你可以這樣做--------------------------187

行動方針❷：醫療險怎麼保？重大疾病險、重大傷病險，讓你很困惑？

有家族病史，買保險要注意哪些事情？------------------------------192

行動方針❸：意外險怎麼保？搞懂再下手，讓你不花冤枉錢！------197

行動方針❹：人生各階段的保險商品這樣規劃，學起來！----------200

行動方針❺：保費精打細算，算盤這樣打！ ———————————203

第3小時　升息、降息都不怕，利變型壽險這麼夯，不必糾結要不要解約！

「以退休之名」買保單，卻因為降息想要解約？
升息時，又建議我加碼？————————————————206
利變型 vs. 非利變型保單，差別只在宣告利率————————208
宣告利率並非基本保障的一環，而是額外多出來的回饋金————212
利變型壽險，「利」是會「變」的，沒有「保證」這回事！———212
你是在買保障，還是買增額回饋分享金？
保險是為了保障，不是獲利！　————————————218

第4小時　旅平險、防疫險竟然可以在產險公司買？產險、壽險商品這樣搭！

防疫保單在產險公司買，竟然比較便宜！？————————222
產險公司的商品既多且廣，上山下海都可以靠它——————224
產險、壽險公司五大不同，造成價格差異———————————226
壽險公司的產品貴還有人買，是因為這些貓膩——————————230
兼愛產險、壽險商品，混搭效果可能更好—————————232

「第一次就上手」專欄

NO.5 沒錢繳保費了，該怎麼辦？————————————236
NO.6 發生理賠糾紛怎麼辦？—————————————241
保險公司網站一覽表———————————————246

第1天
課程開始！

正文開始前，先來解釋保險對象之間的關係

保險人
（保險公司）

要保人（訂定契約者）

需負擔繳交保費的責任

關係：可以是本人、配偶或家人

被保險人（被保障者）

發生保險事故時，啟動理賠

關係：可以是本人、家人或任何人

受益人（收到理賠金者）

發生保險事故時，獲得理賠
要保人或被保險人均得為受益人

觀念篇

工具篇

行動篇

第1天

保險是風險管理工具？
還是投資工具？

買保險很麻煩？那麼多的名詞讓你滿頭霧水？至少搞懂這些名詞，讓你
買保險成功「避險」，而不是在「曝險」！

第 **1** 小時　買保險前，這些觀念你都懂嗎？

第 **2** 小時　外幣保單紅不讓，但它真的適合你嗎？

第 **3** 小時　買年金險，退休來源不用愁？

第 **4** 小時　買保險可以節稅？聽信鄉野傳奇
　　　　　　小心反而因小失大！

買保險前，
這些觀念你都懂嗎？

許多人都有買保險的經驗，而且風險管理也的確是財富管理重要的一環。問題是，你買保險時，是否注意到了這些基本概念呢？

> ・利率調升之後，儲蓄險的報酬還會高於定存嗎？
> ・預定利率愈高，保費愈低
> ・你總繳的「保險費」，不會跟「保險金額」一樣
> ・買保險原本想要「守財」，到頭來卻是在「散財」？

利率調升之後，儲蓄險的報酬還會高於定存嗎？

Q 2022年的理財關鍵字，就是「升息」，而且還是利率「升升不息」。那麼之前解約定存、改買儲蓄險的人，是不是要後悔了呢？

A 保險商品中，其實並沒有「儲蓄險」一詞，它只是市場上對於「生存保險」和「生死合險」的通稱；也就是只要身故保險金較高，或是在滿期之後有生存保險金的人壽保險，都會被泛稱為儲蓄險。儲蓄險通常也會被拿來當作定期存款的替代品，因此，金融銷售人員往往會把兩者的「利率」拿來比較一下。

　　過去幾年，全球央行一直調降利率，投資人如果把閒置資金放在定存，總是會被勸說「貨幣購買力會被通膨吃掉」，金融行銷人員於是鼓動如簧之舌，推薦給你各式各樣的定存替代品，這當中「勢力」最大的，應該就是儲蓄險！而儲蓄險也真的成為很多投資朋友的標配，有些人甚至不只買了一張！

　　然而，時移勢轉，隨著2022年開春之後的通膨率高漲、俄烏戰爭帶來的原物料斷鏈危機，以及新冠肺炎疫情的干

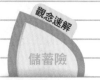

觀念速解

儲蓄險

保險公司提供的一次性或定期定額繳款計畫。

投保人把錢繳給保險公司，讓保險公司把錢拿去投資，然後承諾投保人在指定的時間內可以定期或者一次性領回本金及利息。

觀念速解

預定利率

即保險公司的預估投資報酬（年化報酬率），該利率是固定值，在設計保單時就已經固定，不會因為保險公司的投資績效而跟著調降或調升。

擾，竟然使得美國聯準會需要採取貨幣緊縮政策甚至加速升息來壓制通膨！這麼一來，連臺灣的央行也重新啟動升息，這是自 2011 年 7 月 1 日以來的第一次升息；這也意味著，臺灣超低利率的時代，是不是已經過去了呢？那麼，以往讓投資人解約定存，轉而改買儲蓄險的理由，是不是消失了呢？

其實，央行的升息、降息，會連帶影響保險公司保費的計算，而對儲蓄險保戶影響最大的，就是宣告利率也會跟著調升、調降。因此，就有敏感的保戶開始掙扎，現在是存定存比較好，還是轉買儲蓄險比較好？差別到底在哪裡？要怎麼計算？

其實，關鍵問題就是：什麼是宣告利率？讓我們先來搞懂以下這些名詞。

重點
- 預定利率愈高，保費愈低
- 宣告利率會因市況有所變動

影響儲蓄險的報酬是高是低，有兩種關鍵利率，一是預定利率、一是宣告利率。所謂的預定利率是一種主管機關規定，讓保險公司用這個利率來計算「保費」（保費跟「保額」又是不同，下面的單元我們也會解說），而這筆保費是在保戶投保的當年就固定下來了，在往後幾年繳保費的時候，通常都是不變的（這就跟你每年繳保費都是繳同樣的數額一樣，頂多保險公司會給你一些續期折扣，少繳一點錢而已）。如果預定利率較高，那麼保戶所需要繳交的保費就較便宜；如果預定利率較低，那麼保費就會較為昂貴。

至於宣告利率，可以視為保險公司在主管機關規定的固定預定利率之外，跟保戶分享保險公司賺錢的「成果」。因此，如果你投保的保險公司投資理財能力較強，在全球的股市和債市賺到很多錢，它的當期宣告利率就會比較高，那麼

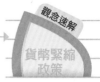

觀念速解

貨幣緊縮政策

Tight monetary policy，指在經濟過熱、總需求大於總供給、出現通貨膨脹時，透過央行緊縮銀根來降低貨幣供給成長率，減少市場可貸資金，使景氣降溫，減少通膨壓力。

觀念速解

美國聯準會

The Federal Reserve System，簡稱 The Fed，是美國的中央銀行。

觀念速解

升息

央行決定升息時，下游的銀行也會跟著提高利率。如此一來，民眾放在銀行裡的存款利率會提高，但相對地貸款的利率也會提高。

觀念速解

宣告利率

即保險公司運用收取來的保費進行投資，所得到的實際投資報酬率（年化報酬率），該利率既不固定也不保證，會定期宣告，也會有變動。

屬於這家保險公司的保戶就可以分享到更好的成果，總體的報酬率自然就會比較高。

財政政策及其影響

宣告利率	利率浮動
	保險公司運用收取的保費進行投資，定期宣告利率，是保單價值準備金的年增率基準
預定利率	利率固定
	保險公司運用收取的保費進行投資，預期的可獲得投資報酬率，通常是保單滿期後的年增率

觀念速解

增額回饋分享金

保險公司在投資有產生額外收益時，回饋給保戶的額外利息。

增額回饋分享金＝保單價值準備金 × 利差（宣告利率－預定利率）

一般來說，保險公司會用各種「名目」回饋給保戶，常見的像是增額回饋分享金、生存金等都是。但請注意，這些項目並不是保險公司保證一定會給，也不是一定會給多少的，一切還得視保險公司運作資金和投資理財的效果而定。

知道這個道理之後，我們再來看看，過去的這幾年，因為全球利率走低，保險公司主要的獲利來源是來自債券的投資收益；如果不算資本利得（就是買低賣高的價差收益），光是來自債券（主要也是政府公債）的利息也是嚴重縮水，所以成果不好，因此，能夠分享給保戶的報酬率自然就會比較低了。

如果在各國因應壓制通膨肆虐，開始啟動升息循環之後，這樣的結果就會反轉，預期來自債券的投資收益會增加，那麼能夠分享給保戶的報酬率應該就會比較高了。

然而，計算儲蓄險真正的報酬率，被稱作內部報酬率（Internal Rate of Return，IRR）；由於它的定義相對複雜，所以，銷售保單的理專或是保險業務員通常不會主動告訴客戶，怕客戶聽得「霧沙沙」之後，反倒躊躇再三不敢買保單了。以下我們試著用較簡單的方式，告訴大家什麼是內部報

觀念速解

內部報酬率

是使投資項目的淨現值等於零的折現率。

酬率。

　　所謂的內部報酬率，跟年化報酬率（Annualized Rate of Return）一樣都是在衡量投資收益率，差別在於兩者的計算方式不同。我們來比較下列兩種投資方式，看看哪一種的投資報酬率會比較高？

　　讀者諸君認為哪一種的投資報酬率會較高呢？

觀念速解

年化報酬率

即投資項目預期將產生的年增長率。

總投資 10 萬元，投資 10 年，猜猜哪個報酬率較高？

A 一開始就投資 10 萬元　　　　　　　　　10 年後　　預期獲利 10 萬元

B 一年投資 10 萬元　　　　　　　　　　　10 年後　　預期獲利 10 萬元

　　在 A 的投資情境中，一開始就將 10 萬元「鎖定 10 年」；在 B 的投資情境中，卻是利用往後的 10 年，每年慢慢補齊到一共投資 10 萬元，但最後依然可以獲利 10 萬元。

　　想想看，在 A 的投資情境中，每年都有 10 萬元「在投資」；但是在 B 的投資情境中，是第一年投資 1 萬元，第二年投資 1 萬元，合計投資 2 萬元，依此類推，到了第 10 年，才合計投資了 10 萬元。這一說明比較之後，當然可以輕易瞭解，是 B 的投資報酬率較高。而 B 的投資報酬率計算方式，就是稱為 IRR。所以，其實 IRR 就是把「現金流」的概念計算進去，算出所謂的年化報酬率。

觀念速解

現金流

指在一定期間內，持續且穩定的現金流入與流出。

　　那這又和儲蓄險有什麼關係呢？我們知道，各家保險公司推出的儲蓄險，多半需要繳費 6 至 12 年，在期滿時領回就可以保本（指的是返還全數保費），再加上增額回饋分享

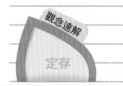

金。但是，儲蓄險可不像定存，如果提早解約，會有被扣減一定比例解約金的風險，是「不保本」的。所以，要提醒讀者，儲蓄險太早解約，會有解約金的問題；如果沒有存到規定的年限，不只領不到利息，更會出現賠本的情形。這跟定存不一樣。定存如果提早解約定存，頂多就是利息被打八折（但是未存滿一個月者不計息），本金肯定都在。因此，建議各位在買儲蓄險之前，應該要再三確認該筆款項最好是近期用不到的，而且往後數年都要備妥相同的保費繳納，也不會動用到緊急預備金，才可以放心購買。

至於想要知道儲蓄險的報酬率是否真的會比定存來得高，讀者朋友們只要套用試算表，帶入保險業務員給你的年繳保費、繳費年期、第幾年領回與領回金額，就可以回推內部報酬率了。

目前網路上有不少可以計算內部報酬率的試算表，讀者朋友們在選擇儲蓄險之前，可以要求理專或保險業務員提供報酬率試算表，試著計算看看 IRR，避免被號稱「報酬率比定存高」這樣的說法給迷惑。

繳費年期（年）	總繳金額
1	10000
年繳保費（元）	總淨報酬
10000	88
第幾年末領回	IRR內部報酬率
1	0.89%
領回金額	
10088	

資料來源：Triple-I（https://3i-life.com.tw/product/irr）

● **預定利率：**
是一種主管機關規定，讓保險公司用這個利率來計算「保費」。
預定利率愈高時，所繳的保費會愈低。

● **宣告利率：**
可以視為保險公司在主管機關規定的固定預定利率之外，跟保戶分享保險公司
賺錢的「成果」。該利率會因市況有所變動，保險公司每年或每月會宣告一次。

● **內部報酬率（IRR）：**
在計入各期的現金流後得出「年化報酬率」，可以用來判斷儲蓄險、年金險、
定期定額投資，其真實的投報率是否高於定存。

你總繳的保險費，不會跟保險金額一樣

Q 那麼「保險費」跟「保險金額」也有需要解釋的地方嗎？

A 大部分的人在買保險前，都會被告知需要詳細閱讀保單
條款，才能瞭解保障內容。但是，面對保單上眾多的專有名
詞，保戶們常常是有看沒有懂。我們就先來解釋保單上最常
出現的三個名詞，保險費（insurance premium）、保險金與
保險金額（Sum Insured）。

所謂的保險費簡稱「保費」，是指你買保險時，保險公
司給你的繳款單上面記載的應繳金額。保險公司會按照保戶
的年齡、性別、保障額度、保障年期等，分別計算出每月／
每年的應繳費用。

而保險金額簡稱「保額」，是指保單的「保障額度」，
也就是保險公司在理賠時的計算基礎；是當保險事故發生後，
保險公司確定支付的賠款或者保險金的一項依據。保險公司
會依照不同的保險產品及其保障內容，先提供給保戶各理賠
項目的保險費之計算比例（%），當保險公司需要理賠時，
再把比例及保障額度相乘，就可以算出實際的理賠金額。

至於「保險金」，雖然跟保險金額只有相差一個字，但
意義卻不相同。保險金是指在人身保險中，當保險事故發生

後，保險公司依照保險契約上面的約定，支付給被保險人或其受益人的款項，這是指一定金額的現金。

保險費 （保費）	投保人購買人壽保險所支付的價款
保險金	只存在於人身保險合約，是保險事故發生後，保險公司向被保險人或其受益人支付的款項
保險金額 （保額）	投保人對保險標的的實際投保金額，同時也是保險公司收取保險費的計算基礎

　　例如：卡蜜拉買了一張醫療險保單，每年需要繳交「保費」4 萬 8000 元，需要繳交 20 年，其中住院的「保額」是每天上限 2 萬。當卡蜜拉住院時，保險公司依照她實際支出的醫療費用，只給付卡蜜拉「保險金」（理賠）1 萬元，這個時候，保險金就不等於保險金額了。

　　這種情況常見於醫療險，保險公司會按照被保險人實際支出的醫療費用來給付保險金，並且以保險金額為上限；也就是說，保險公司理賠的醫療保險金將不會超過被保險人實際支出的醫療費用，也不會超過保險金額。

　　另外，保險費率（Insurance Rate）則是指每一塊錢保險金額與應繳納保險費的比率。保險費率是保險公司用來計算保險費的標準。當保險公司承保一筆保單時，會用保險金額乘以保險費率，就會得出該筆保單應該跟保戶收取的保險費。所以，保險費的多寡，跟保險金額、保險費率及保險期限三者有關。

保險費 ＝ 保險金額 ✕ 保險費率

　　還有很多保戶會以為，投保人壽保險之後，萬一不幸身故，受益人可以領取的保險金額一定是「投保金額」。但事實上，有不少保單是按照「被保險人身故當時」的保險金額、「保價金」（就是「保單價值準備金」）或「總繳保費」較高者，作為身故保險金的給付標準。因此，領取的保險金額是有可能高於投保金額的。

● 保險費率一般由「純費率」（淨費率）與「附加費率」組成。
● 依照純費率收取的保險費，稱為「純保費」；依照附加費率收取的保險費，稱為「附加保費」。

Ⓠ 那麼「保單價值準備金」是什麼意思？

Ⓐ 大部分的人在買完保險之後，多半會持續地繳交保費，鮮少有想要中途解約的；但是一旦需要解約，那麼「解約金」該如何算？跟保險業務員給你的建議書上的「保單價值準備金」或者是「身故保險金」是一樣的嗎？這三者之間又有什麼關係呢？

　　照道理講，這三者是不會一樣的！

　　我們先來看看這三者的定義：

☆ 保單價值準備金（Policy Value Reserve）

簡稱「保價金」。這個數字是因為保戶過去有繳保費，保險公司在其所繳保費扣除必要支出（比方說危險保費、行政費用等）後，存在保險公司，用來支付未來保險金給付之金額；這可以反映出保單的帳戶「價值」。

　　什麼時候會需要用到這個價值？一般說來有兩種情況：

❶ 當保戶要解約時，解約金的計算是以保價金為計算基礎。

❷ 當保戶需要資金週轉，可藉由保單向保險公司借款；保險公司就會以保價金作為計算基礎，算出可借給保戶的額度。

　　要提醒讀者們注意的是，不是所有的保單都有保單價值準備金。如果是傳統壽險、投資型保險、年金保險等，繳了幾期之後，會有保單價值準備金；至於醫療險、意外險，通常是沒有保單價值準備金的，也就是保戶一旦解約，不會拿到解約金。至於我們一開始提到的儲蓄型的保單，它的保價金在保戶繳交當期保險費扣除附加費用及可能的保險成本後，就會按照宣告利率或預定利率來累積或增值。

保單價值準備金可用來反映保單的真正價值，對保戶的直接影響如下：
- 理賠金（有時視狀況會依據保價金）
- 解約金（以保價金為基礎計算）
- 借款額度（保單借款的上限額度以保價金計算）

☆ 解約金（Cash Surrender Value）

顧名思義，這是保戶在保險合約有效期間之內，不想繼續繳交保費、卻要跟保險公司解約，那麼保戶可以拿回多少錢？這筆錢，就是所謂的解約金。

解約金怎麼算？當要保人的保險費已繳付達到一年以上，或是繳費累積已經有保單價值準備金，那麼保戶要解約時，依照保險法規定，保險公司應該在接到保戶通知後一個月內，返還解約金。而解約金是以保單價值準備金為計算基礎，保單價值準備金扣除保險公司的管銷費用之後，剩餘的才會是支付給保戶的解約金。

也就是說，保戶如果想要提前解約，保險公司返還的解約金「絕不會」等於「已繳」的保費，因為提前解約，會造成保險公司「逆選擇」風險提高、資金臨時被抽離而導致運用不利等等問題，因此保險公司會酌收一些費用作為補償，而這也導致保戶提前解約的話，反而會「賠錢」的情形，讀者們要特別注意囉！

觀念速解

要保人

Policyholder，也叫投保人，是指對被保險人具有保險利益，向保險公司申請訂立人壽保險契約，並負有繳交保險費義務的人。要保人擁有指定或更改受益人、變更保險契約、終止契約的權利。

| 解約金 | = | 保單價值準備金 | — | ● 保險公司管銷費用
● 保戶如有未繳清之保單貸款本息、墊繳保費本息，也需一併扣除 |

INFO

● 「逆選擇」是因為保險公司與金融消費者所擁有的資訊不對稱所造成的。
● 保險公司因為無法區分誰是低風險者，誰是高風險者，導致低風險者解約不願意投保，但卻引來（或留下來的）保戶都是屬於較高風險者，長期下來，就會使得保險公司虧本退出市場。這也是一種「劣幣驅逐良幣」的現象。

☆ 身故保險金（Death Benefit）

這是指被保險人在要保人為其購買人壽保險後身故，保險公司會依照保險合約給付的保險金。

由上面的解釋，就可以很明白這三者之間的差異了。

保費繳不出來，已繳交的保費放水流？
其實你可以這樣做！

Q 那麼「減額繳清」跟「展期保險」的差別在哪裡？

A 如果保戶遇到短期資金週轉不靈，繳不出保費，並不需要到解約的下策，因為一旦解約，不僅失去保障，能夠拿回來的錢絕不會是當初你已經繳過的保費，可能還會損失大部分，這在上面已經解釋過了。

那麼保戶還能怎麼辦呢？基本上還有三種方法，就是採取「減額繳清」（保障額度減少）跟「展期保險」（保障期間縮短），以及「自動墊繳」這三種方法。

減額繳清，可以讓你在保費繳清之後，就不用再繼續繳交保費；但是你原先跟保險公司簽約的「保障內容」不變、「保障期間」也一樣長，差別在於你所買到的「保險額度」降低了。

我們來拆解字面上的意義：

●**減額**：指的是你原先保單中「保額」（保障）的減少。

●**繳清**：指保費繳清生效後（不論是 10 年期、15 年期、20 年期），就不用再繼續繳交該保單的保費。

●**減額繳清**：也就是說，因為你的保單有累積保單價值準備金，保險公司將這部分的錢用來做為一次繳清往後保險所需的費用（就是躉繳的概念），改成保障內容、期間不變，但是僅有保額降低的保險。

　　至於展期保險，則是讓你的保障額度一樣高，但是保障的期間卻縮短了。

　　展期保險跟減額繳清的原理相類似，都是用保單價值準備金先行扣除保險公司相關的營業費用及保單借款本息、欠繳之保費及墊繳保費本息等費用後（如果有的話）的餘額，再來以原來的保障額度計算出，契約能夠存續、有效到什麼時候。

　　在採取「展期保險」契約變更以後，一樣就不用再繳交保費了，但是原有的保障只會展延到變更後所訂定的年限，可能原本保障 20 年的，現在只有保障 10 年了。但是，如果在展延期間的年限內死亡者，保險公司仍然會依照保險契約給付保險金。

　　而如果保戶只是短時間繳保費有困難，則可考慮自動墊繳。

　　自動墊繳是指保戶在應該繳交保費時沒有如期交付，這時候，保險公司會寄發掛號催繳通知信，並且給予寬限期間（年繳或半年繳者，自催告到達翌日起 30 日內為寬限期間）。如果保戶過了寬限期仍未繳費，那麼保險公司就會以保單價值準備金自動墊繳當期應繳的保費與利息，讓契約繼續維持有效。

方式	概念	保費變化	保額變化	申請時間
減額繳清	保障內容、期間不變下，改用保單價值準備金躉繳，保額因此減少	不需繳納	降低	保單失效前
展期保險	保額不變下，改用保單價值準備金，躉繳購買定期險	不需繳納	不變	保單失效前
自動墊繳	先用保單價值準備金支付保費，維持保單效力	暫時不需繳納	不變	投保時或保單失效前

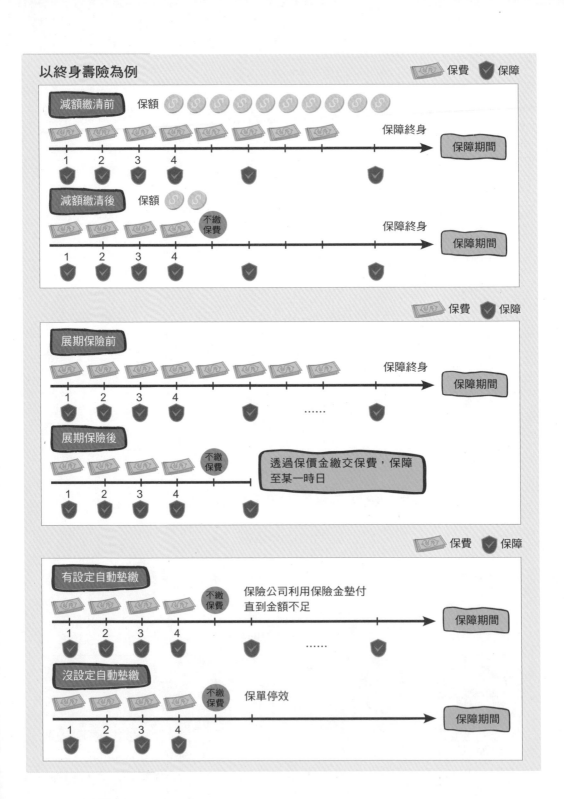

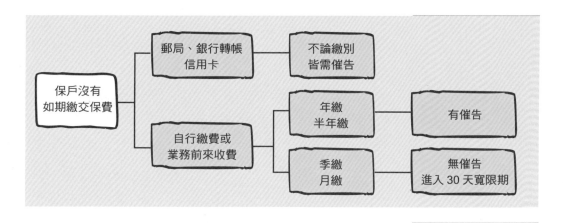

　　保費自動墊繳的機制，本質上就是類似保單借款；然而借款是有利息的，因此，墊繳保費的本息，保險公司就會在償付保險給付中扣除。這種方法，適用於保戶短期繳費有困難的時候，因此，保戶（要保人）可以在保單有效期間內隨時清償所墊繳的保費本息。

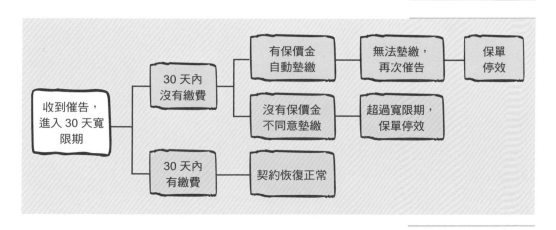

　　每個人的經濟條件會因為環境而改變，短期的拮据，不代表就要放棄當初規劃好的保障；建議讀者們定期找保險專業顧問做保單健檢（可以在保單週年或者是人生有了重大的轉折時），這樣可以幫你初步判斷哪些保障應該調整，如何降低保費的支出。如果真的無力繳交保費，也不要輕易讓已經繳付的保費放水流，還是要花點時間評估手

上現有的保單哪些是該留或是解約的，建議也可以先與你所投保的保險顧問或保險公司客服中心聯繫，詢問你的保單條款中有關契約變更的項目以及相關權益，等到充分瞭解之後再做決定，千萬不要意氣用事，免得原來買儲蓄險是想要幫你守財，到頭來卻是在幫你散財了！

關於個人風險管理所需要的基本觀念，如何 DIY 幫自己量身打造專屬於自己和家人的保單，各種所需要具備的要領在之後的各個章節都會有圖文並茂的解說，讓讀者們可以按圖索驥，讓自己成為自己的最佳保險經紀人！

課後心得
重點整理

外幣保單紅不讓，
但它真的適合你嗎？

外幣保單很多人都有買，但是為什麼也有很多人後悔不想繼續繳保費，或者是繳不起？到期之後也會有錢變薄的感嘆？熱推熱賣的外幣保單背後，可能會有什麼代價？

單元
重點

· 臺幣升值，買外幣保單；怎麼新臺幣貶值，
　也是推銷外幣保單？
· 外幣有升值的潛力，也有貶值的可能性；
　匯率變動是外幣保單的最大風險！
· 外幣保單，愈存愈沒錢？
· 外幣保單紅不讓，但它真的適合你嗎？
　投保前注意這八大點！

觀念速解

外幣保單

外幣保單的保費、保險金、
保單借款和費用等，皆以
外幣計價；保單預定利率、
借款利率等，也是用外幣
利率來計算。

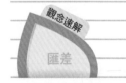

觀念速解

匯差

一買一賣之間的價差，稱
為匯差。

新臺幣升值，買外幣保單；怎麼新臺幣貶值，也是推銷外幣保單？

Ｑ 新冠疫情肆虐時，新臺幣一直在升值，有保險業務員就說是買外幣保單的好時機。可是，2022 年，美國開始升息，美元轉趨強勢，新臺幣在貶值的時候，也有業務員推薦可以將定存「轉存」到外幣保單。所以，外幣保單是任何時候、任何人都適合買的嗎？

Ａ 很多人都聽過外幣保單，多數的投資朋友也都會期待藉此商品同時賺到保障和匯差。但是，外幣保單為什麼會熱賣呢？外幣保單有哪些種類？還有既賺保障又賺匯差的期待會不會落空呢？

　　首先，我們先來解釋一下，什麼是「外幣保單」。外幣保單其實跟新臺幣保單很像，都是保險商品，也都會提供保障；只是計價的單位，從新臺幣變成美元或是澳幣等等其他外幣而已。通常在繳費時，就要直接換成保單的計價貨幣

（比如美元或人民幣、澳幣等），所以，這個時候，就會潛藏著匯差。

如果保單要繳六年甚至於更久，那麼，因為你每年都需要繳交保費，每年都需要換匯，隨著換匯的次數愈多，衍生出的相關匯差和可能的手續費就會愈多。而這些小小的匯差或手續費累積下來，就有可能會稀釋未來的「利潤」——如果你把這種保單，也當成是另外一種「獲利」來源的話。

至於外幣保單為什麼會成為保險公司的長銷商品？大致會有以下四個理由：

❶ 利率或投資報酬率較高

新臺幣的存款利率處於低檔已經有好長一段時間，因此，常常會聽到理專或者是保險業務員用「新臺幣利率都不到1%，但是外幣保單的（預訂或宣告）利率都將近3%，很適合把定存轉過來。」這種說法來推銷。高達三倍的利差，很容易

中國人壽美利旺美元利率變動型終身壽險（定期給付型）

單位：美元

性別：男性	繳費期間：6年期	首期躉交保險費：10,000美元	宣告利率：2.90%
年齡：12	繳費方式：年繳	躉期躉交保險費：10,000美元	預定利率：2.25%
	投保金額：22,200美元	首期高保額與金融機構轉帳費率折減：2.5%	
	原始保費：10,256美元	續期高保額與金融機構轉帳費率折減：2.5%	

| 各保單年度末增值回饋分享金選擇給付方式： | 第1保單年度~第4保單年度 | 抵繳應繳保費 | 被保險人保險年齡到達十六歲之保單週年日前，其增值回饋分享金請參照保單條款。 |
| | 第5保單年度起 | 以繳清保險方式增加保險金額 | |

保單年度(末)	保險年齡	累積實繳保費(扣除抵繳保費)(A)(註1)	基本保險金額對應之年度末現金價值【含祝壽保險金】(B)	基本保險金額對應之壽險保障	選擇以繳清保險方式增加保險金額		選擇現金給付		壽險保障(含基本、累計增加保險金額)	年度末現金價值(含基本、累計增加保險金)【含祝壽保險金】(E)=(B)+(C)
					累計增加保險金額	累計增加保險金額之年度末現金價值【含祝壽保險金】(C)	增值回饋分享金	累計之增值回饋分享金(D)		
1	12	10,000	4,740	-	-	-	-	-	-	4,740
2	13	19,959	12,672	-	-	-	-	-	-	12,672
3	14	29,849	20,784	-	-	-	-	-	-	20,784
4	15	39,669	31,018	-	-	-	-	-	-	31,018
5	16	49,417	48,574	54,359	120	326	-	-	54,685	48,900
6	17	59,417	61,019	66,600	265	736	-	-	67,395	61,755
7	18	59,417	63,019	66,600	411	1,167	-	-	67,833	64,186
8	19	59,417	64,436	66,600	558	1,620	-	-	68,274	66,056
9	20	59,417	65,885	66,600	706	2,095	-	-	68,718	67,980
10	21	59,417	67,368	67,368	855	2,595	-	-	69,963	69,963
11	22	59,417	68,882	68,882	1,005	3,118	-	-	72,000	72,000
12	23	59,417	70,432	70,432	1,156	3,668	-	-	74,100	74,100
13	24	59,417	72,017	72,017	1,308	4,243	-	-	76,260	76,260
14	25	59,417	73,637	73,637	1,461	4,846	-	-	78,483	78,483
15	26	59,417	75,296	75,296	1,615	5,478	-	-	80,774	80,774

宣告利率假設2.90%且維持不變之情形下(含次一保單週年日始生效之增額繳清保險金額)(下表為預估例設值)

資料來源：中國人壽外幣保單建議書

讓許多定存族聽了開始心動，於是在金融行銷人員的鼓吹之下馬上行動。

但是要注意的是，保險業務員所說的「利率」跟你想像中的利率，是一樣的嗎？不管是預定利率也好、宣告利率也罷，都跟我們一般在討論的「投資報酬率」是不能混為一談的（請參照〈第1天第1小時〉關於預定利率、宣告利率的解釋）。

項目	儲蓄規劃	利率	資金活用度	潛在風險	解約損失
銀行定存	短期	較低	較高	通貨膨脹	本金不影響，但損失利息
外幣保單	長期	較高	較低	匯差風險	可能損失本金和利息

❷ 預期該外幣對新臺幣會升值

銷售人員勸說要你買外幣保單時，基本上都會許你一個美好的願景，他會告訴你該外幣將來一定會升值，能讓你賺到匯差。但是匯率走勢的變化，除了跟該國的總體經濟有關之外，還牽扯到國際資金的流動，以及央行的干預等，牽扯到的因素眾多，誰也無法保證該外幣對新臺幣一定會升值。更何況，外幣保單的繳費期限動輒至少六年、甚至於長達20年！如果連下個月新臺幣會升值還是貶值你都估不準了，要去預測六年、甚至於是20年之後匯率的走勢，無異於天方夜譚！

❸ 保費較便宜

如果是訴求保障的話，外幣保單會因為預定利率較高的關係，同樣的保額，保費會比較低。例如，一位30歲男性，如果想買終身壽險100萬元的保額，在利率處於低檔的情況之下，某家保險公司以新臺幣計價的保單年繳保費約要3萬

5000 元；可是，若是買美元保單，以美元計價的話，年繳只要約 2 萬 4000 元，便宜逾三成。因此，有人就不會買新臺幣計價的保單，轉而投保外幣壽險保單。

❹ 資產配置國際化

特別是在新臺幣升值的時候，美元或紐幣、澳幣變得相對便宜，理專或保險業務員就會積極地遊說你，應該趕快趁著美元或紐幣、澳幣便宜的時候，逢低買進這些外幣以及外幣計價保單，及早準備好未來環遊世界的旅費，或者先存好未來孩子到國外念書的學費。

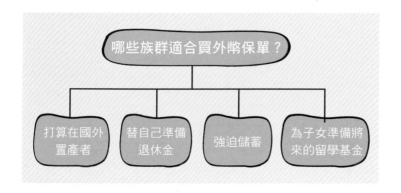

基於上述的原因，很多讀者朋友就會順著潮流，跟買外幣保單了。

但是，你買到的是哪一種外幣保單呢？

外幣保單可分為外幣投資型保單和外幣傳統型保單

在臺灣的外幣保單當中，向來是以美元保單為大宗，澳幣計價的保單則是次之。而外幣保單又可分為外幣投資型保單和外幣傳統型保單。一般像是儲蓄險和壽險等，都是屬於傳統型保單，保守型的讀者就可以選擇這種保單。

但要注意的是，儲蓄險得要等到「期滿」，才可以選擇一次領回或是分期領回滿期金。至於投資型保單，顧名思義，就是兼具保障與投資的一種保單（關於投資型保單的說明，可以參照〈第2天第4小時〉的內容），投資人除了得承擔匯率風險之外，還必須承擔投資部位的盈虧；此外，一旦發生停扣或扣款不成功時，不但原有的投資淨值會下降，甚至還有可能讓原有的保障一併消失。

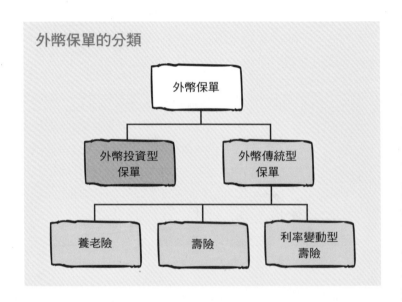

外幣保單的分類

常見外幣保單一覽表

項目	增額終身壽險	還本型終身保險	利率變動型壽險	養老保險
特色	保額和保障會逐年遞增	❶有些險種在繳費期間就可以開始還本 ❷有些險種得要等到繳費期滿，才會開始還本	隨著市場環境的改變，宣告利率也會跟著波動；因此，該商品會同時面對利率跟匯率變動的風險	會有滿期金，可以一筆領回作為退休的生活費
適合族群	較有資產的青、壯年族	小家庭	打工族 小資族	退休族

外幣有升值的潛力，也有貶值的可能；匯率變動是外幣保單的最大風險

Q 外幣保單應該風險也比較小吧？

A 外幣保單雖然也是常見的理財商品，只不過，讀者朋友要先搞清楚你是要以保險為主，還是以投資為主。因為外幣保單只是把保險費用換成外幣計價，外幣保單畢竟還是具有保險的概念，頂多有部分保費配置在對外幣的投資而已。

外幣保單有一次繳清的（金管會為了遏止不恰當的保單規劃，短年期繳費的保單，特別是躉繳型態的保單，已經漸趨稀少），也有年繳、季繳、月繳的，但它的架構，主要還是以保險為主，因此保費的比例分配上，會隨著年齡的變化有所不同；被保險人的年紀愈大，保費上屬於保險的比例也會愈高。

另外，因為外幣保單保費的繳交以及期滿之後領回的滿期金，都是以外幣計價，如果決定購買外幣保單，就得考慮可能的匯兌風險，也就是得要注意該外幣的匯率走勢。

以外幣計價的保單，雖然能夠讓你的資產配置更加多元化，加快財富累積的速度，但得要注意其中最重要的變數——匯率。由於各種幣別的風險不一，甚至有些幣別之間還具有高度的連動性，因此，要注意幣別的選擇。

除此之外，一國的利率、物價指數以及經濟發展的變化，都會影響該國匯率的變動，讀者朋友最好要清楚瞭解，影響該貨幣波動的因素有哪些，才能夠知所進退。

還有，一定要注意計價的幣別，和新臺幣兌換的歷史波動率是不是很高？比方說紐幣、澳幣過往十年兌換新臺幣的匯率歷史波動度，就高達八成以上，讀者朋友得要小心選擇計價的幣別。而這一部分，建議需要具備有基本解讀總體經濟的能力。（更詳細的解說，請參考《3 天搞懂財經資訊》一書。）

外幣保單繳納費用及領回的金額
會受到匯率波動的影響

假設某外幣保單預定利率為 **3.5%**，投保當時匯率為美元兌新臺幣 **1:30**，目標領回金額為 **2 萬美元**，六年期滿一次領回。

目標領回金額	20,000 美元
保單預訂利率	3.50%
繳款年限	六年
當時匯率	美元：新臺幣為 1:30
躉繳型（一次付清）	16,270 美元
年繳型	3053 美元
月繳型	255 美元或 7650 元新臺幣

如果是月繳，先以新臺幣金額換算成美元繳納，當美元升值或新臺幣貶值時，以新臺幣計算需繳納的保費就會愈高。

美元兌新臺幣	新臺幣金額
1：29	7,395
1：30	7,650
1：31	7,905
1：32	8,160

原本匯率是美元：新臺幣＝ 1:30，1 美元可換成 30 元新臺幣。
- 當美元：新臺幣＝ 1:31
  1 美元可換成 31 元新臺幣，美元升值（匯率上升）／新臺幣貶值
- 當美元：新臺幣＝ 1:29
  1 美元可換成 29 元新臺幣，美元貶值（匯率下跌）／新臺幣升值

☆ 情境❶以躉繳為例，計算 IRR：

當初在匯率 30 時，以新臺幣 488,100 元兌換 16,270 美元繳交保費。

六年之後，在匯率 29 時，領回 20,000 美元，折算新臺幣為 580,000 元，以 IRR 計算器計算，得到內部報酬率為 2.92%。

繳費年期（年）		總繳金額
1		488100
年繳保費（元）		總淨報酬
488100		91900
第幾年末領回		IRR內部報酬率
6		2.92%
領回金額		
580000		

計算機資料來源：Triple-I Corporation

☆ 情境❷以年繳為例，計算 IRR：

假設每年都在匯率 30 時，以新臺幣 91,590 元換 3,053 美元繳交保費。

六年之後，在匯率 29 時，領回 20,000 美元，折算新臺幣為 580,000 元，以 IRR 計算器計算得到內部報酬率為 1.55%。

繳費年期（年）		總繳金額
6		549540
年繳保費（元）		總淨報酬
91590		30460
第幾年末領回		IRR內部報酬率
6		1.55%
領回金額		
580000		

計算機資料來源：Triple-I Corporation

♥ 貼心小提醒：

• 以上是計算當你繳完保費之後，在第六年期滿時領回保險金的 IRR。如果是等到六年以後，你才想拿回你的保險金，那麼每年計算出來的 IRR 都會不一樣喔！

想買外幣保單？先搞懂八大點！

Q 那麼選擇以外幣計價的保單時，應考量的因素有哪些呢？

A 現階段的外在環境，雖然有升息的條件，保單看似有升值的空間，但是，若真要選購外幣保單，還是要以較為長遠的角度來思考及布局；特別是頗受中產階級、青壯族爸爸媽媽歡迎，有為自己退休金規劃，或為子女教育準備金的還本型外幣保單或是年金型外幣保單（特別是以美元計價的），因為現在的預定利率還是相對較低，因此，每年計算下來，需要支付的保費並不算少，也並不便宜。如果是因為幫忙作業績的「人情保」，或者只是在理專、保險業務員的如簧之舌鼓動下一時衝動而購買的外幣保單，一旦後續沒有持續地繳交保費，在到期前中途解約，不但會沒有賺到利息，肯定還會賠了本金，不可不慎！

因此，在確定投資外幣保單之前，建議一定要先注意以下八大點：

⭐ 匯率風險
外幣保單會有的第一風險就是匯率風險。因為到期時，是以原幣別奉還，所以，等到取得滿期金時，也許外幣相對於新臺幣是貶值的，這時換回新臺幣有可能是得不償失！

⭐ 流動性風險
如果選擇「躉繳型」的保單，一下子就把一大筆資金投放在保險公司，被鎖住至少六年，在沒有規劃好自己的現金流的情況之下，很有可能因為臨時的資金需求，中途被迫解約，肯定會蝕本！另外，資金被鎖住那麼久，在漫長的至少六年期間，也會有錯失其他投資機會的可能。

☆ 幣別不能更換的風險

外幣保單在投保期間，無法改變保單約定的計價幣別。萬一到期領回保險金時，卻遇到你所選擇的外幣大貶，那麼除非你願意認賠兌換回新臺幣，要不然你的資金又要被套住一陣子了。

外幣保單，愈存愈沒錢？

☆ 通貨膨脹率的風險

當繳費期滿，比方說六年之後，你決定領回保險金了，但是，你領回來的那一筆錢，其購買力會隨著每年估算約 1% ～ 2% 的通貨膨脹率而減損；換句話說，你的錢會愈存愈薄，這一點是很多買儲蓄險的投資朋友會忽略的！

☆ 是否有能力持續繳交保費

即便最為暢銷的外幣儲蓄險保單，也至少要繳交六年；因此，在選擇買保單之前，一定要確定，在未來需要繳費的每一年，都能夠有把握繳得出保費。千萬不要因為現在剛好手頭上較為寬裕，或者是手上多出一筆錢可以投資，就貿然地決定要將資金鎖在保險公司！萬一有哪一年保費繳不出來，被迫解約，那一定會悔不當初的；所以，一定要量力而為。

☆ 外幣保單是保險，不是投資，別指望會有較高的報酬率

目前市場上的外幣保單，以美元保單而言，其預定利率大約只有 2.25%，雖然遠比新臺幣的定存利率高，但是保單預定利率 2.25% 的意思是，保險公司在設計這項產品時，預估在收到保戶的保費之後，可以獲取的年化報酬率約是 2.25%，據此反推出保戶要付的保費（精確地說，保險公司還會綜

六年共計繳交保費 **59,417** 美元，在第六年度末可領回 **61,755** 美元；之後解約，數額會愈來愈高。

中國人壽美利旺美元利率變動型終身壽險（定期給付型）

單位：美元

性別：男性	繳費期間：6年期	首期躉交保險費：10,000美元	宣告利率：2.90%
年齡：12	繳費方式：年繳	續期躉交保險費：10,000美元	預定利率：2.25%
	投保金額：22,200美元	首期高保額與金融機構轉帳費率折減：2.5%	
	原始保費：10,256美元	續期高保額與金融機構轉帳費率折減：2.5%	

各保單年度末增值回饋分享金選擇給付方式：	第1保單年度~第4保單年度：抵繳應繳保費	被保險人保險年齡到達十六歲保單週年日前，其增值回饋分享金請參照保單條款。
	第5保單年度起：以繳清保險方式增加保險金額	

宣告利率假設2.90%且維持不變之情形下（含次一保單週年日始生效之增額繳清保險金額）（下表為預估假設值）

保單年度（末）	保險年齡	累積實繳保費(扣除抵繳保費)(A)(註1)	基本保險金額對應之年度末現金價值【含祝壽保險金】(B)	基本保險金額對應之壽險保障	選擇以繳清保險方式增加保險金額		選擇現金給付		壽險保障(含基本、累計增值保險金額)	年度末現金價值(含基本、累計增值保險金額)【含祝壽保險金】(E)=(B)+(C)
					累計增值保險金額	累計增值保險金額對應之年度末現金價值【含祝壽保險金】(C)	增值回饋分享金	累計之增值回饋分享金(D)		
1	12	10,000	4,740	-	-	-	-	-	-	4,740
2	13	19,959	12,672	-	-	-	-	-	-	12,672
3	14	29,849	20,784	-	-	-	-	-	-	20,784
4	15	39,669	31,018	-	-	-	-	-	-	31,018
5	16	49,417	48,574	54,359	120	326	-	-	54,685	48,900
6	17	59,417	61,019	66,600	265	736	-	-	67,395	61,755
7	18	59,417	63,019	66,600	411	1,167	-	-	67,833	64,186
8	19	59,417	64,436	66,600	558	1,620	-	-	68,274	66,056
9	20	59,417	65,885	66,600	706	2,095	-	-	68,718	67,980
10	21	59,417	67,368	67,368	855	2,595	-	-	69,963	69,963
11	22	59,417	68,882	68,882	1,005	3,118	-	-	72,000	72,000
12	23	59,417	70,432	70,432	1,156	3,668	-	-	74,100	74,100
13	24	59,417	72,017	72,017	1,308	4,243	-	-	76,260	76,260
14	25	59,417	73,637	73,637	1,461	4,846	-	-	78,483	78,483
15	26	59,417	75,296	75,296	1,615	5,478	-	-	80,774	80,774

資料來源：中國人壽外幣保單建議書

合考量預計死亡率和費用率之後，再計算出保戶應繳的保費）。

其實如果和其他的投資相比（例如跟股票或者基金），報酬率是不算高的；更何況，真要跟定存比，也是要跟外幣（比如說美元）的定存比，而不是跟新臺幣的定存比。因此，如果讀者朋友被洗腦成「逢低買進美元商品」的心態去買美元保單，而不是以本身的需求做為考量的話，是有違資產配置的原則的。（關於資產配置的詳細解說，可以參考《3 天搞懂資產配置》一書。）

☆ 確認未來有外幣（美元）資產的需求

以美元保單為例，因為美元保單每年繳交保費，以及保險公

司在期滿或是保戶要求還本給付和理賠時，都是以美元支付，因此，如果讀者朋友手邊沒有現成的美元部位，那麼在繳交保費時，就必須把新臺幣換成美元；幾次下來，便需額外支付多次的換匯手續費，以及承受可能的匯差，這些額外的交易成本，一定會侵蝕原本預期的「獲利率」。

一般銷售人員在面對潛在外幣保單的購買者時，都會請金融消費者填寫下面這張「以外幣收付之非投資型人身保險客戶適合度調查評估表」。

讀者朋友可以在買外幣保單之前，問問看自己：家人經常到使用美元的國家旅遊嗎？有確定會到使用美元的國家退休、長住和生活的計畫嗎？未來要在國外置產嗎？未來子女一定會到國外求學而會用到美元嗎？未來有到國外經商的打算嗎？如果再三考慮之後，真有配置外幣資產的需求，再行購買外幣保單。如果以上的答案都是否定的，就真的應該要重新思考買外幣（美元）保單的目的何在了？

☆ 不被「保單即將停售，不買可惜」的理由所蒙蔽

各位應該有聽過理專或保險業務員很緊急地打電話給你，好康道相報地說：「這張保單即將要停售了，額度有限，現在所有人都在搶買，趕快也幫你規劃買一張！」或者是說：「之後推出的新保單的『利率』一定會更低，現在不買，錯過可惜！」但是，如果以上的問題沒有仔細想清楚，就像在搶購百貨公司週年慶限量的商品一般，貿然買了不適合自己和家庭財務規劃的外幣保單，不但沒有買到保障，還因此而蝕本，不就是賠了夫人又折兵？更何況，如果現在的指標利率已經處於歷史底部區，未來利率往上走升的機會比往下走的機會大得多；既然如此，未來保單的預定利率更有可能提高，保費將會更便宜，那麼現在所謂「即將停售」的「高」預定利率保單，也就沒有那麼吸引人了！

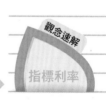

觀念速解

指標利率

是每一家銀行為了要貼近現在金融業的利率成本，計算出來的利率，可以說是銀行的資金成本。各家銀行有不同的指標利率計算方式，但是大同小異。而央行的升降息則會直接影響各銀行的指標利率，連帶影響指數型房貸的利息支出。

以外幣收付之非投資型人身保險客戶適合度調查評估表範本

要保人購買以外幣收付之非投資型人身保險的目的（最少需勾選 1 項，可複選，請打勾）

註：本表各問題選項請以實際目的勾選（每項為獨立目的），評估時選項中有非為您購買本保險目的之選項時，則該項無須勾選。

目的	問題	是	否
1. 多元資產配置	目前有外幣資產或投資，如外匯存款、海外基金、國外的股票…等？		
	過去曾購買以外幣計價之保險商品或各類投資工具？		
	未來有規劃持有外幣資產或投資？		
2. 教育資金準備	未來子女要出國留學？		
	該國家可流通貨幣與所購買之保單幣別相同？		
3. 購屋資金準備	未來要在國外置產？		
	該國家可流通貨幣與所購買之保單幣別相同？		
4. 養老生活資金準備	退休後規劃到國外長住、養老、生活或旅遊？		
	該國家可流通貨幣與所購買之保單幣別相同？		
5. 遺族生活資金準備	保險金受益人居住於國外？		
	該國家可流通貨幣與所購買之保單幣別相同？		
6. 海外醫療準備	未來有海外經商、出國留學或到國外長住、養老、生活之規劃？		
	該國家可流通貨幣與所購買之保單幣別相同？		
7. 其他（請說明）			

以上調查評估結果：

欲投保以外幣收付之非投資型人壽保險或年金保險者：

目的 1 至目的 5 任一目的所屬問題選項有勾選「是」或有說明其他購買目的者，表示未來有外幣需求，為本保險適合的銷售對象。若無任一目的所屬問題選項有勾選「是」且未說明其他購買目的者，表示未來無外幣需求，非為本保險適合的銷售對象。

欲投保以外幣收付之非投資型健康保險者：

目的 6 所屬問題選項有勾選「是」或有說明其他購買目的者，表示未來有外幣健康保險需求，為本保險適合的銷售對象。若無任一目的所屬問題選項有勾選「是」且未說明其他購買目的者，表示未來無外幣需求，非為本保險適合的銷售對象。

	是	否
根據調查結果評估是否為本保險適合的銷售對象？		

適合的銷售對象，請繼續以下問題

問題	是	否
1. 請確認有外幣需求及承擔匯率風險的能力？		
2. 業務員是否已向要保人說明於繳納保險費，或領取各種保險金、解約金等款項，以新臺幣兌換外幣、或外幣兌換新臺幣時，可能有匯率風險？		
3. 業務員是否已向要保人說明購買以外幣收付之非投資型人身保險，應由要保人或保險公司所負擔銀行收取之匯率差價、匯款手續費、郵電費及其他費用？		
4. 業務員是否已向要保人說明外匯及其他相關主管機關有關法令規定？		
5. 業務員是否已向要保人說明本公司所提供「以外幣收付之非投資型人身保險匯率風險說明書」之內容？		

本人（即要保人）已經了解上列所述各項問題並已確實勾選。

要保人：　　　　　　簽名　　法定代理人：　　　　　　簽名

業務員：　　　　　　簽名　　　　　　　　　中華民國　　　年　　　月　　　日

（資料來源：金管會 103.12.30 金管保壽字第 10302147695 號函）

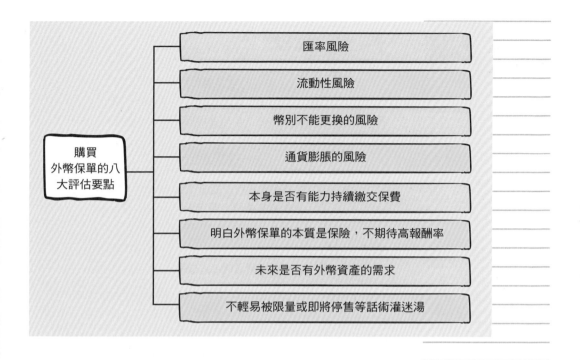

最後，還是要提醒讀者們，外幣保單跟銀行的定存是不一樣的。由於外幣保單需要持有一段較長的時間；因此，就算你預期所持有的外幣即將升值，也不可能立即出脫賺取匯差。買外幣保單應該要回歸到需求規劃，做好功課，絕不要人云亦云，才不會因為某些突發狀況，不但沒辦法保本，反而因為匯損或解約金而虧本，最後面臨高交易成本、高匯兌風險兩面雙輸的窘境！

買年金險，
退休金來源不用愁？

要有穩定的現金流，才能安穩的退休。那麼用商業年金險來準備退休金，是個好主意嗎？許多人都想要提早退休，重點是有沒有足夠多的錢，讓自己長命百歲都有得花？據說年金可以活到老，領到老，真的是這樣嗎？

單元重點

- 年金險，轉嫁變成「下流老人」的風險
- 規劃年金險，要投入多少保費？可以領回多少保險金？
- 有了年金險，退休金來源就高枕無憂？
- 想要樂齡退休，這樣規劃年金險

年金險，轉嫁變成「下流老人」的風險

Q 現代人的平均餘命愈來愈長，就算現在準備再多的錢，都有可能因為活太久而錢不夠花。有什麼方法可以解決這樣的問題呢？

A 由於醫療科技的進步，我們習慣祝福人的用語「長命百歲」，可能要有加強版——「呷百二」了。根據內政部最新「109 年簡易生命表」上的資料顯示，國人的平均壽命為 81.32 歲，其中男性 78.11 歲、女性 84.75 歲，皆創歷年新高。若與全球的平均壽命相比較，我國男性、女性平均壽命分別高於全球平均水準 7.9 歲及 9.7 歲。

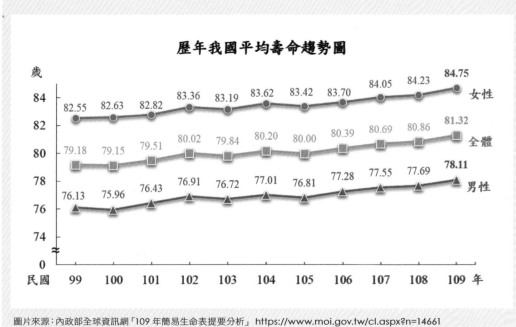

歷年我國平均壽命趨勢圖

圖片來源：內政部全球資訊網「109 年簡易生命表提要分析」https://www.moi.gov.tw/cl.aspx?n=14661

　　雖然良好的醫療及生活環境讓我們有機會可以活得更久，但現實的考量點將會在於：經濟能力是否能夠支撐我們退休或沒有工作之後漫長的下半輩子？而這個「活得更久」、能否「晚美」（晚年生活，愈來愈美）的議題，也成為全世界先進國家共通的問題。那要如何解決呢？

老年退休後將面臨的風險

| 活得太久的風險 | 退休金投資風險 | 通貨膨脹的風險 |

　　以往華人重視的「養兒防老」，是老來靠著子女的孝養，也許可以「老有所終」；現在不僅少子化，還因為萬物皆漲，就是薪資不漲，年輕人謀生已是不易，要仰賴兒女給予孝養

金的想法，已經愈來愈不實際；有人戲稱，現代老人應該「養老防兒」，不讓自己微薄的退休金，被子女用各種理由週轉走，已經是萬幸了。

既然如此，華人世界要如何處理長壽風險？以我國而言，有軍公教年金、勞保年金、國民年金等，可以提供資深公民基本的生活保障；但是，幾年下來，大家發現，政府的財政支出畢竟有限，這些年金換算而成的所得替代率遠低於五成！也就是退休之後，光是靠這社會年金保險，真的只能縮衣節食了，因為能夠過的生活品質（純以花費來說）就只能是退休前的三、五成而已。

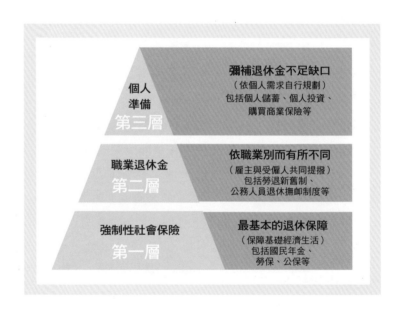

個人 準備 第三層	彌補退休金不足缺口 （依個人需求自行規劃） 包括個人儲蓄、個人投資、 購買商業保險等
職業退休金 第二層	依職業別而有所不同 （雇主與受僱人共同提撥） 包括勞退新舊制、 公務人員退休撫卹制度等
強制性社會保險 第一層	最基本的退休保障 （保障基礎經濟生活） 包括國民年金、 勞保、公保等

要如何讓自己退休之後的生活不致於過度拮据，已成為全球共同的話題。較廣為世人所接受的解決方案，是以「商業年金保險」來確保自己下半輩子有相對足夠的現金流。保險公司因此也趁勢推出眾多的商業年金保險商品，宣稱可以讓你老來無後顧之憂，可以有足夠多的錢，安度晚年。

一般我們常聽到的保險，都是在生命殞落時，能夠獲得

一筆理賠金，讓「家人們」可以花用。但是，有沒有是「自己」可以花用的保險金呢？商業年金保險的保險金，就是一種設計來預留給自己花用的保險；它跟以往大家所熟知，擔心因為生命過早消逝而投保的壽險不同，主要目的，就在於避免人們因為活得太久，卻沒有足夠多的錢可花用的風險。前幾年，一個流行在日本的名詞「下流老人」，就是很傳神地在闡述，長命百歲卻沒有錢可以過日子的窘境。日本，是全球最長壽的國度，但也因為長壽，從職場退休所領到的退休金根本不夠用，在生活品質日趨下流的情況之下，只好在日暮西山的晚年，重出江湖，找份兼差的工作。這剛好警醒世人：原來活得太久，也是一種風險！

退休金缺口怎麼算？參考退休金缺口的計算公式

退休金缺口 ＝ 退休後所需總花費 － 已準備的退休金

其中已準備的退休金 ＝ 儲蓄 ＋ 勞保

＋ 勞退 ＋ 其他收入 ← 股利、基金配息等

　　而規避長命百歲的風險，最經濟有效的方式，莫過於及早安排投保適合自己的商業年金保險。

Q 那麼，什麼是年金險？它跟我們前面所提到的各險種，有什麼差別嗎？

A 年金險能夠提供的保障，在於如果被保險人擔心活得太久，而導致個人退休生活經濟來源匱乏不足，因此而提前預

作打算，轉嫁因為活得太久、沒有足夠生活費花用的風險；換句話說，可以轉嫁被保險人長命百歲的風險。

　　年金保險的運作模式，其實跟各種險種一樣，當人們在不虞匱乏之際，興起風險管理意識，藉由定期繳交保費的方式，將「長壽」的風險，轉移給保險公司。差別在於，所繳保險費累積的「保單價值準備金」，到了你跟保險公司約定的年齡時，就按照保單條款上面約定的金額持續給付，一直到身故為止。也可以類比成，年輕時，「定期定額」繳交「保險費」，等到你跟保險公司「指定的那一天」（也可以是還沒退休前的某一天）開始，保險公司將會每個月定額給付給你。

　　而年金險按照給付的時間，可以分成兩種：

❶ 即期年金：投保、繳費之後，就可以馬上提領年金。
❷ 遞延年金：投保之後，須經過一定時間才可以開始提領年金。

項目	繳費方式	年金累積期	年金給付時間	年金給付方式
即期年金	躉繳	無	繳交保費後，立即開始領年金	定期給付，直到被保險人死亡或滿 110 歲
遞延年金	可躉繳或分期	投保後須累積一段時間	繳交保費一段時間後（例如 20 年），給付至特定年齡（例如 65 歲）	一次性給付或定期給付直到被保險人死亡或滿 110 歲

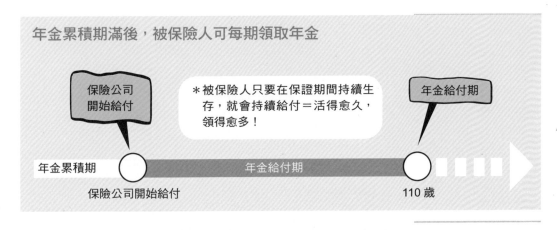

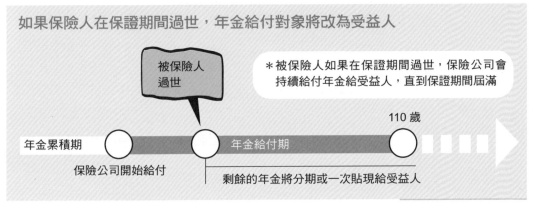

　　若按照商品的架構，主要有三種：

⭐ 投資型年金險（變額型年金）

其實就是一種投資型保單，又稱為「變額年金」，年金的給付價值，會隨著「分離帳戶」裡投資績效的變化而改變，保險公司不保證年金領取人最終能領取多少金額。

　　投資型年金的運作方式，是會將你所繳的一部份保費，用來投資在保險公司上架的金融商品（多半是基金或債券），透過經年累月的投資來累積帳戶的資產，藉以提高可以在未來支付給你的年金總額。但請注意，投資一定有風險，經過長時間的投資效益，有可能賺也有可能賠；這是一

種相較於其他年金險來說，有著更高風險的一種商品！

我們當然寄望退休年金可以愈領愈多，但是，萬一在你要領年金的前幾年，又遇到金融海嘯、經濟泡沫化呢？你的年金總額，會不會因而縮水了呢？這裡要提醒讀者思考的是，你買保險原本是要「轉嫁風險」；當你買了投資型年金險，是不是反倒是要「涉險」了呢？畢竟，只要是投資，一定都是有賺有賠的。

⭐ 利變型年金險
就字面意義來說，這是「利」是「變動」的一種年金險。

如同我們在前面〈第 1 天第 1 小時〉基本觀念的說明，保險公司會在主管機關規定的固定預定利率之外，跟保戶分享保險公司賺錢的「成果」；這部分，稱為宣告利率。而利變型保單，也是透過宣告利率來累積保單價值；雖然宣告利率是保險公司因應市場變化而定期揭露的數字，但是利變型年金的宣告利率最低並不會低於零，所以，這種商品的風險就比投資型年金險來得小。

⭐ 定額年金險（傳統即期年金險）
有別於前兩者每年領取的年金多寡或有差異，定額年金險是會根據保險契約的約定，每期領取的年金數額都是相同的一種年金險。

三類年金險

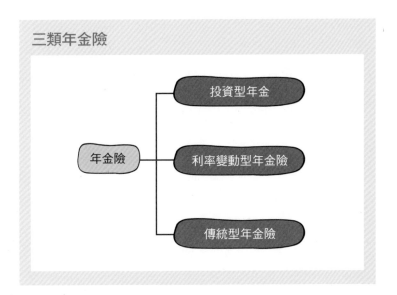

項目	投資型年金險	利變型年金險	定額年金險
說明	• 最具彈性 • 保戶自己選擇要連結的投資標的，投資標的的表現會影響累積年金的多寡	• 保險公司會依當年度的投資情形來給付保險金。 • 宣告利率高，對保戶愈有利；宣告利率低，保戶獲利空間較少	• 投保的隔年就開始給付年金 • 分為一次給付或分期給付
優點	利率是浮動的，投資眼光準的話，將來有可能領更多錢	利率是浮動的，景況好的話，將來有可能領更多錢	• 每年利率固定，領取年金時可定期拿到固定金額 • 保戶能夠預期每年到手的金流
缺點	對於不太懂投資操作的人來說，管理上很花心力	正因為利率不固定，所以保戶無法預測每年能到手的現金流	保費較高

ⓠ 年金險成為退休金規劃的首選，那麼它有哪些優、缺點呢？

ⓐ 年金險能夠提供既「保生」（活著時，自己有錢領）、又「保死」（去世後，受益人有錢可以領）的保障，主要的優點有三點，概述如下：

☆ 調整現金流

既然會擔心年紀大或沒有工作時，有斷炊之虞，那麼在年輕且有工作時，可以把錢省下來，留待晚年之用。不過，省下來的錢如果只是放在銀行，那肯定會被通膨吃掉貨幣購買力。如果因為擔心錢變薄，就把錢放在投資部位上，又會擔心選錯標的，造成虧損。那麼，年金險可以提供給你一座穩健的蓄水池，讓你可以調整現金流，讓你的現金可以適時地流出，幫助你打造一段晚美的歲月。

☆ 強制儲蓄

雖然有多餘的錢，但買年金險不是把錢交給銀行，而是交給保險公司。既然是交給保險公司，而且也訂了契約，明定在什麼時候才能夠由保險公司給付若干的金額，所以是不能夠隨時想提領出來花就可以的錢。這對於「月光族」、「星光幫」甚或是「剁手黨」而言，是一種很好的理財工具。

☆ 安全有保障

保險公司必須提取「責任準備金」，所以我們不用擔心萬一保險公司破產，過往所繳的保費會一夕蒸發。另外，年金險的好處是，它將你未來數十年一直到你離開人世間的那一天，每年可以領取的金額，都預先規劃好了。

而且，保險公司是在固定週期（可以約定是雙月或逐季領）給付年金，所以你可以預先知道下一筆生活費會在什麼時候匯入你的帳戶。這還有另外一層好處是，不用擔心自

己巨額資金被騙走導致生活沒有著落；因為下一筆錢，肯定會在約定好的時間匯款進來。

年金險有以上這些優點，相對地，它也有些缺點，是我們在規劃的時候要先注意到的：

☆ 繳納的時間長，需要有長線資金的規劃與安排

年金險多半建議是期繳，也是一種需要長時間累積保單價值準備金的險種。在年輕時投保年金險，總以為未來每年繳個幾萬元的保費，連續繳個 10 年、20 年的，肯定沒問題；但是，萬一因為意外殘疾，或者是像突然遇到 2020 年肆虐全世界的新冠疫情，導致經年累月、沒有預期的失業的話，可能會有保費繳不出來，甚至要面臨中輟解約應急的難處。這是在退休之前，需要有的現金流規劃意識。

☆ 年金給付期間，既不能中止解約，也無法設質借款

我們知道，許多險種在連續繳交幾年保費之後，會累積有保單價值準備金，這筆金額，可以在解約的時候拿回來；或者可以在手頭不方便時，藉由保單設質跟保險公司貸款週轉。但是，年金險是沒有這兩樣特色的。

根據《保險法》第 135-4 條：「（前略）但於年金給付期間，要保人不得終止契約或以保險契約為質，向保險人借款。」因此，年金險「一經啟動」，就只能夠按期慢慢領。顯然在資金需求孔急時，這份保單就沒辦法派上用場。

但是，年金險保單的設計，本來就不是用來應急用的，更何況強制規定不能夠解約一次領回、也不能夠設質週轉，正是可以保護老年人不會被拐、被騙走養老本的特點。

☆ 收益率不高

許多懂股票或基金交易的投資人，可能會認為把錢交給保險公司不具經濟效益，因為「報酬」實在太低！可是，也正因為這筆錢不是拿去冒險換取較高收益，所以可以很穩健地保住錢，用以「待乏」；而這也正是古人「夏則資皮，冬則資絺，旱則資舟，水則資車，以待乏也」未雨綢繆的真諦！

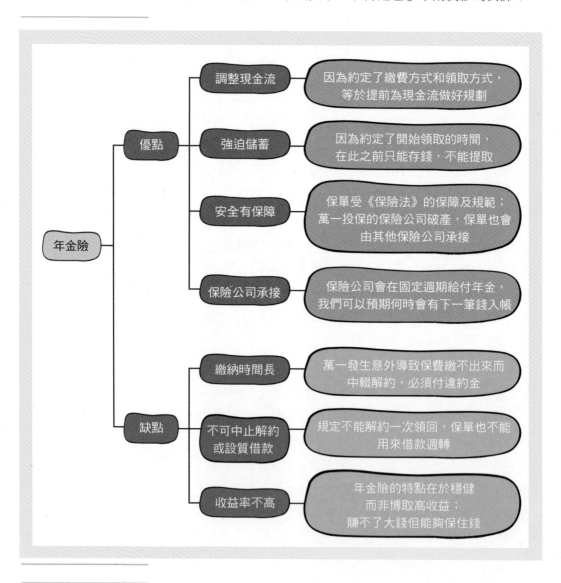

規劃年金險，要投入多少保費？可以領回多少保險金？

Q **為了避免將來活太久卻沒有錢可以過生活，我們要如何計算該投入多少的保費，以及預計可以領回多少保金呢？**

A 既然年金險是要解決若干年之後，我們的現金流可能短缺的問題，那麼，現在的你需要負擔多少保費，才能夠在未來如你所願地過著穩妥的生活，關鍵點就在於自己在退休之後，想過什麼樣的日子？是粗茶淡飯追求小確幸？還是錦衣玉食的生活？以下有幾個關鍵問題，必須要先釐清一個關鍵問題：

想要在退休後擁有多少錢？因此每年需要投入多少資金？

許多人都希望盡早退休，但卻沒有想過，如果真想要安心退休的話，需要準備多少錢才夠。假設我們以大多數人都能夠接受的至少 1000 萬來估算，在平均投資報酬率 5% 的情況之下，在往後 20 年，每個月需要定期定額投入多少錢？我們可以用 excel 試算表中的 PMT 函數，來算出這一個數字。

以下我們先介紹 PMT 函數怎麼用？

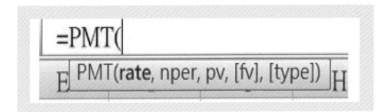

PMT 函數包含這幾個參數，定義如下：
= PMT（rate, nper, pv, fv, type）

rate：這是指「年化」報酬率，在運用時需要注意，跟後面的 nper（總投資期數）要互相對應；如果是以「年」為計算單位，那麼後面的期數，也要以年作為單位。

nper：這是指投資／付款的總期數。

pv：這是現值；也可以當成是期初單筆投入的本金。

fv：這是指最後一次投資／付款完成後，所能獲得的未來值。如果省略不打的話，則系統會假設其值為 0。

type：類型。這是指定期投入的資金是發生於期末（預設值是 0）或是期初（必須要鍵入數值 1）。如果省略不打的話，則系統會假設其值為 0。

PV	單筆金額，只有在「期初」發生一次
FV	單筆金額，只有在「期末」發生一次
PMT	每一期都會發生的年金，且金額大小都必須一致

　　要提醒讀者注意的是，前面三項參數 rate、nper、pv 是一定要根據你的需求鍵入的參數，不可以省略不鍵入；後面兩項參數 fv 及 type 則是選擇性地鍵入即可。如果這兩個參數沒有輸入數字的話，PMT 函數會採用預設值 fv = 0; type = 0（期末）。

　　現在，我們就根據前面假設的需求，把相關數字打進去 PMT 函數之後，結果如下：

退休前每個月需投資金額

= **PMT（投資報酬率 /12，準備年數 ×12， 已有退休準備金，退休金需求）**

= **PMT（5%/12，20×12，0，10,000,000）**

= **－ 24,329（負值代表現金流出）**

A1			f_x	=PMT(5%/12,20*12,0,10000000)			
A	B	C	D	E	F	G	H
-$24,329							

=PMT(5%/12,20*12,0,10000000)

─────────────

-$24,329

　　顯現出的數值－ 24,329 是負數，代表資金是流出（因為你每個月要從口袋流出）；24,329 表示，每個月要定期定額投入這麼多錢。

　　知道 Excel PMT 函數的功能之後，現在，如果我們把問題轉換成：

☆ 關鍵問題❶：想要在退休後，單筆領回多少錢？因此每年需要支付多少保費？

年金除了可以分期領取之外，也有單筆領回的年金。如果我們以單筆領回年金做為退休金的方式做例子，那麼如何在未來可預期的數年（比方說繳費 20 年），靠著繳交保險費，可以達成預期退休金的數字？

　　假設我們希望在退休當下，可以有新臺幣 1000 萬元在手上，如果預期保險公司平均的宣告利率是 3%，繳費期間是 20 年，那麼現在平均每一期應該繳交多少錢？

A1			f_x	=PMT(3%,20,0,10000000)		
A	B	C	D	E	F	G
-$372,157						

答案是：每年需要繳交保費 372,157 元，才能在 20 年後，取回一筆 1000 萬元的保險金。

然而，年金除了有一次給付的年金險以外，年金險還有分為兩種給付的方式：定期給付與終身給付。

定期給付是指，在一段約定的期間內（比方說跟保險公司約定好給付 20 年），保險公司會持續地定期給付。

終身給付則是指，在跟保險公司約定的給付時間開始之後，保險公司就會一直給付固定的生存金，一直到被保險人往生為止。

就年金的給付方式而言，大多數人會選擇定期給付或終身給付，很少人會選擇領一次金的，這也比較符合我們建議的退休規劃方式。投保年金險之後，你如果是選擇終身給付型，實際上年金險究竟可以領回多少錢，那就無法得知了；因為沒有人可以知道自己究竟什麼時候會離開人世。所以，活得愈久、領得愈多，在年金險上是極有可能發生的。

☆ 關鍵問題❷：打算從什麼時候開始領保險金？

由於年金險的設計是需要較長的時間來累積保單價值準備金，因此，會建議讀者朋友在投保時，可以先跟保險顧問們討論，自己想要退休的年紀是什麼時候？距離現在還有多久？打算繳費幾年？每個月需要多少的生活費？年金給付的保證期間有多久？預期還有多少的退休金缺口？有了這幾個數字，就能夠更具體地計算出要繳交多少保險費、需要繳費多久，以及需要繳費幾年的時間。

投保年金險之前，
先釐清這些問題：

- 我想在幾歲退休？離現在還要多久？
- 我每個月需要多少生活費？
- 我預計繳費幾年？
- 我的退休金缺口有多少？
- 年金給付的保證期間有多久？
- 附加費用和解約金怎麼算？
- 有最低保證收益嗎？
- 保本嗎？

附加費用率	• 保險公司的行政費用，包括製作保單的成本、員工薪水、業務員佣金、獎金等。
解約費用率	• 保戶繳交的保費在扣除附加費用後，才會將剩餘金額滾入年金複利。

有了年金險，退休金來源就高枕無憂？

Q 年金險似乎是退休規劃中重要的工具。那我們是不是有了年金險之後，退休金來源的就可以高枕無憂不用愁了呢？

A 有很多人常常以為，如果我投入一定的本金，靠著存本取息的方式，應該可以樂活退休。

以往在利率比較高的年代，可能用這種方式規劃退休金還算靠譜；但是，在低利率時代、甚至是負利率時代，還有這種思維的話，可能不僅沒有辦法靠「取息」過日子，連「存本」都大有問題了！如果這時候金融行銷人員推薦你，買進所謂高收益債或者連結高股息標的，就能夠靠著高配息

支應生活費、本金永遠動不到，這種說法是不是你就會買單了呢？（買基金時候的警語——配息可能來自於本金！關於買基金進一步的說明，請參考《3天搞懂基金買賣》一書）

同樣地，我們知道，光是靠著投保商業年金險，只能夠說它讓我們在未來退休之後，可預期會有一筆現金流，但是說到可以「高枕無憂」，就略嫌太過篤定了！這中間，其實還隱含了一些變數：

☆ 變數❶：提前解約的風險

如同前面我們的說明，年金險是一項需要長時間才能夠累積足夠多保單價值準備金的商品。在繳費期間相對也較長（有些甚至長達 30 年）的情況之下，會不會發生因為意外事故而導致繳不出保費，甚至被迫要面臨解約的情況發生呢？如此一來，當初大費周章的規劃就要重來了！

提前解約可能產生費用（例如利變型年金險的解約費用至少就要 1%），而且保單價值準備金扣掉解約費用和附加費用後的金額，通常會低於總繳保費，保戶可能無法保本喔！

☆ 變數❷：保險公司是否有提供最低收益的保證？我的年金保本嗎？

前面我們介紹過，有些年金其實不僅沒有保證收益，有些還可能不保本。

例如「變額年金險」會隨著市況改變，而讓收益波動，甚至於還有可能蝕本（有可能在進入年金給付期後，因為大環境不佳造成投資部位虧損，使得保單價值比歷年總繳保費還要少）。

　　如果想要保本，目前是即期年金、利變年金才具有保本的功能，不論市場環境如何改變、是升息還是降息、利率如何處於低檔，都能夠保住當初所繳的本金。

INFO

● 因應需求漸增的退休市場，保險公司也相繼推出「附保證給付投資型保險商品」，這類商品都是以投資型年金險為主，包括：保證最低身故給付、保證最低提領金額、保證最低年金金額、保證終生提領給付、保證最低累積帳戶價值。

● 要注意的是，這類型的保單因為有「掛保證」讓保戶能夠擁有一定的保險給付，所以費用會比一般投資型年金險來得高喔！

　　綜合上述，既是要以退休規劃為目的，那我們在挑選年金險時，就要留意這兩大變數。

樂齡退休，就這樣規劃年金險吧！

Q 如果想要藉由投保年金險過一個安穩的退休生活的話，有沒有什麼需要注意的地方？

A 在確定用投保年金險來彌補退休金缺口時，同時得要注意以下幾點，才不會讓自己在退休時期還要擔心現金流短缺的問題。

☆ 要點❶：先規劃好醫療及意外險

前面我們提到過，在需要長期繳交年金保費的階段，萬一遇到因為疾病或意外導致殘疾、失能而喪失工作機會或能力時，就會面臨到繳不出年金保費的困境；解決之道，除了準備足夠多的預備金之外，也可以參考「附加豁免」的機制，也就是幫保單再買保險的概念。當萬一繳不出保費時，保險公司會啟動豁免保費的機制；但是，這種豁免的保單並不是每一家都有，讀者可以視本身需要，多洽詢幾家保險公司。

☆ 要點❷：量力而為

對於這種需要長天期繳費的保單，一定要持之以恆地按期繳
交保險費。即便沒有發生意外，自己也有緊急預備金的規
劃，但是，請記得，到期前解約，絕對會被扣除解約金費用，
那麼過去幾年你的存放利益就算是付諸流水了。

因此，在規劃年金險時，請記得要是自己負擔得起的保
費，能夠持續地繳交保費，才能使規劃年金險的作用彰顯出
來。

 規劃年金險也要將自己的預算納入考量；不要過而
不及，也不要保不足夠。投保前事先做好預算，才
不會擠壓到其他的重要規劃。

☆ 要點❸：愈早投保愈好

既然年金險是搭配退休規劃之用，於是很多人以為，年金險
應該是中壯年之後再來投保。其實不然！保險的精神，在於
轉嫁風險；而風險是時時刻刻可能發生。

當你開始重視長壽可能帶來的風險，就要開始著手規劃
投保年金險，因為年金險本來就是藉由時間複利的效果，達
到足以在未來提供穩定現金流的一項金融商品，因此，「時
間長短」就是一項關鍵性的因素。假如你想要擁有理想退休
生活品質，是不是更應該及早開始為自己的退休生活進行規
劃，買張適合的年金險保單？

☆ 要點❹：先保大人，後保小孩

在保費支出占家庭收入相對有限的情況下，都應該秉持「先保大人，後保小孩」的投保原則；這不僅僅是在投保年金保險時才需要注意的問題，更是所有保險配置時的前提。

> 風險發生時，損失幅度大（例如死亡、重疾、失能、長照）的先保，畢竟大型風險發生機率雖然不高，但一旦發生，整個家庭很可能因此經濟困頓，陷入愁雲慘霧。所以規劃時，要以家中經濟支柱者為優先，接著再來加強小孩的保障。

☆ 要點❺：年金給付的保證期間有多長

常常會有人因為保險公司打出的年金險廣告文宣裡面提及「保證給付 50 年」，因而趨之若鶩地投保，這樣的選擇方式，老實說有待商榷。

保證期的意義是，萬一保戶在年金給付「保證期間」內死亡，如果保單價值的金額還有剩餘，那麼這筆「沒領完」的年金部分，就會給付給保單上的受益人；但若過了保證期間才去世，那麼就算保單價值的金額還有剩餘，也不會歸還給受益人。

至於保證期間長短的差別在哪裡呢？簡單地說，保證期間的長短，會影響到你每年年金領取的多寡。

舉例來說，如果有一張價值 500 萬元的年金險保單，開始進入年金給付期後，如果當初選擇的是 20 年的保證期間，那麼概算下來，每年約當可以領取 25 萬元，充當生活費。但如果你選擇的是 10 年的保證期間，那麼你每年就約略可以領到 50 萬元，充當生活費。換句話說，在同樣的保單價值之下，當你選擇的保證期間愈長，你可以領取的年金數字就會變少了。

保證給付年期通常有 10 年、15 年、20 年，也有少數幾家保險公司提供 5 年的年金給付保證期間；如果年金額相同的話，那麼保證期間愈長，保費就相對愈貴。

那麼應該怎麼選擇保證期間呢？

請記住，年金險在我們的生涯規劃當中，是用來「補足退休金缺口」的；因此，年金給付金額的多寡、是不是能夠補足我們的退休金缺口，才是我們考量的重點。至於保證期間長短，並不是我們退休規劃的重點，大家千萬不要為了拉長保證期間而犧牲年金給付多寡，這樣會讓退休生活一樣過得拮据，那就不是投保年金險的初衷本意了。

年金險雖說是補足退休生活重要的一項工具，但若單純從資金效益的考量點來看，其實「投資報酬率」（其實保險不應該從考量「投資報酬率」的角度出發的，在此，我們只是用以類比該資金能夠產生的效用而言）並不算高。然而，既然是以「補足」為著眼點，就不宜被熱情的保險業務員牽著鼻子走，導致「保太多」；如果已經確保無論多長壽，都能夠有基本的生活費來源之後，若還有多餘的資金可供配置，除了可以考慮補強其他的保障（例如醫療或意外），還可以將多餘的資金配置在其他的金融商品或者投資工具上，藉由理財收入讓退休生活過得更從容、更精采！相關的理財工具與做法，請讀者參考三天系列的其他書籍。

課後心得
重點整理

買保險可以節稅？
聽信鄉野傳奇
小心反而因小失大！

許多人都曾經聽過，買保險可以節省所得稅、贈與稅，連遺產稅都可以省？！這似乎已經成為大家投保的另外一個理由。但真的是這樣嗎？國稅局可不是省油的燈！錯誤的觀念可能讓你節稅不成，還會被連補帶罰！

單元
重點

- 想靠保險節稅？當心節稅不成反而把錢白白繳給國庫！
- 買保險就會有 3330 萬元免稅額？有先決條件！
- 投保時間愈長，就是「免被課稅」的保證？
- 不同的保單，據說會有不同的課稅標準？
- 父母代替子女繳保費，可以規避贈與稅？
- 如何做好節稅規劃，國稅局節稅祕笈告訴你！
- 保單規劃五大眉角，傳承財富看過來！

想靠保險節稅？當心節稅不成反而把錢白白繳給國庫！

Q 保險除了可以提供保障之外，是不是還有節稅的功能？

A 很多人買保險，除了基於保障規劃之外，另外一個誘因，竟然是因為保險可以節稅！保費的繳交、理賠金的收取的確都跟稅負有關，規劃得宜，也的確有節稅的空間；但如果道聽塗說，買保險不以保障為主，卻想走偏門，藉以避稅，那國稅局也不是「塑膠做的」，一旦被糾舉出來，連補帶罰絕不手軟。因此，想要透過買保單節稅，不是沒有機會，只是要先釐清這些鄉野傳奇，以免偷雞不著蝕把米。

　　人身保險可說是一種社會福利事業，在之後各單元中，我們會說明適度的投保、恰當的保障，可以讓個人及家庭免於過度暴露於未可知的風險之中；而保險除了可以讓個人

及家庭安居樂業之外，自然也可以補強政府在社會福利及社會保險制度不足之部分，具有維持社會安定的重要功能。此外，保險公司收取眾多保戶所繳的保險費，是一筆龐大的中長期資金，也可以用來協助政府投入政策性產業或基礎建設，對於促進社會經濟繁榮，也有很大的貢獻。於是，政府為提高民眾投保之誘因，就在稅法上有些優惠。但民眾若想要享有因為投保所帶來的稅務優惠，自然需要滿足某些條件。因此，建議讀者朋友們要有這個基本觀念：買保單、繳保費，主要是在獲取保障、轉嫁風險；節稅，只是附帶的效益而已。

遺產稅	• 要保人 ≠ 被保險人；要保人死亡時，其保單將成為遺產，須併入遺產課稅 • 被繼承人死亡前二年所贈與之「保險滿期金」或「保單價值」，須併入遺產課稅
贈與稅	• 要保人 ≠ 受益人，保單期滿領取時，以「滿期金」申報稅額 • 變更要保人時，以「保單價值準備金」申報課稅
所得稅	• 要保人 ≠ 受益人，受益人領取的壽險和年金險給付如果在 3330 萬元以下，則免計入基本稅額
最低稅負	• 要保人 ≠ 受益人，人壽保險及年金保險給付中，屬於「死亡給付」部分，一申報戶全年合計數在 3330 萬元以下者，免予計入基本所得額；超過 3330 萬元者，其死亡給付以扣除 3330 萬元後之餘額，計入基本所得額。

一般討論有關保險課稅的問題，會涉及四種稅：遺產稅、贈與稅、所得稅及最低稅負（基本所得額）；實務上，保險相關的金額究竟會不會被課稅，必須要回到「實質課稅原則」；也就是國稅局在是否課稅時，會從立法目的、租稅公平及實質經濟意義等面向，針對個案進行審查。民眾在繳交保險費、領取理賠金或滿期金，是否涉及課稅，牽涉的層面甚廣，因此，是沒有辦法單憑你跟保險業務員的對話討

論，就可以確定未來不會有稅賦問題的。

　　保險業界經常宣稱的保險免稅，多半是指不計入遺產總額的「死亡保險金」，而非「生存滿期金」，而且至少要滿足以下四個要件：

❶ 死亡保險金：指的是被繼承人死亡的「死亡保險金」而非「生存滿期金」。

❷ 指定受益人：需要有指定受益人。如果沒有指定受益人，就會被歸類為遺產，就有可能被課徵遺產稅。

❸ 保單須購自在臺灣合法設立登記的保險公司：也就是不含境外保單。

❹ 符合「所得基本稅額條例」的相關規定。

　　看到這麼多的要件，就知道，保險免稅是有但書的。尤其是高資產人士，若想要藉由買保險的方式節省稅負，那就必須要通盤考量；除了考量現金流之外，有時候家中的親屬關係、繼承系統表，都會是規劃保單時重要的變因。

　　以前述領取「死亡保險金」的課稅原則來說，並不是遺產稅與所得稅「二擇一」的問題，而是「先後」的問題。按照財政部相關函令的解釋，受益人領取保險金要先確定是不是要課徵遺產稅，如果已經計入遺產課稅，那麼受益人才不用再去計算是否繳交最低稅負。但是，如果受益人領取的保險金未計入遺產課稅，那麼就變成是受益人的「所得」，就必須納入最低稅負計算應繳的「所得稅」。

重點　如果保險金已被課徵過遺產稅，子女就不需再申報最低稅負（也就是所得稅）；但若課徵的是贈與稅，子女（即受益人）在領取保險金後，仍須申報最低稅負（也就是所得稅）。

最低稅負制應計入個人基本所得額的項目有哪些？

❶	海外所得：一申報戶全年合計數未達新台幣 100 萬元者，免予計入；在新台幣 100 萬元以上者，應全數計入。
❷	特定保險給付：受益人與要保人非屬同一人之人壽保險及年金保險給付，但死亡給付每一申報戶全年合計數在 3330 萬元以下部分免予計入。超過 3330 萬元者，扣除 3330 萬元後之餘額應全數計入
❸	私募證券投資信託基金的受益憑證交易所得
❹	申報綜合所得稅時採列舉扣除額之「非現金捐贈金額」（例如土地、股票、納骨塔等）
❺	個人綜合所得稅的「綜合所得淨額」
❻	選擇分開計稅之股利及盈餘合計金額

Ｑ 這樣看起來，領取保險金最重要的關鍵點，就是會不會被扣到遺產稅。那我們在規劃保險時，有沒有需要同步注意的地方？

Ａ 民眾在買保險時，的確會因為錯誤的資訊引導，而誤以為之後領取保險理賠金可以沒有任何條件的就不用繳交遺產稅；而這也容易引起保戶跟業務員還有保險公司之間的紛爭。為了將保險課稅問題原則化，財政部在匯集各方意見之後，曾經歸納出「八大態樣」，提供給民眾參考比對，看看自己的狀況有沒有可能會被課徵遺產稅。這八大態樣分別是：躉繳投保、高齡投保、帶病或重病投保、短期投保、密集投保、鉅額投保、舉債投保以及保費略高或相當於保險金額。更仔細地說明，請讀者參考〈第一次就上手 No.2〉。根據國稅局網頁所提供的「實務上死亡人壽保險金依實質課稅原則核課遺產稅案例及其參考特徵」中的幾個判例，我們可以明顯地看出來，這些投保案例，就符合前面提到的「八大態樣」：

【案例一】

被繼承人於 91 年 6 月 27 日死亡，生前於 90 年 2 月 7 日至 4 月 15 日期間因腎動脈狹窄合併慢性腎衰竭住院治療，同年 4 月 17 日至 28 日定期門診血析，其於 90 年 4 月 2 日以本人為要保人及被保險人，並指定其孫（即繼承人）為身故保險金受益人，以舉債躉繳方式繳納保險費 2,578 萬元（投保時約 77 歲），身故保險理賠金 2509 萬 9455 元。

（最高行政法院 98 年度判字第 1145 號判決）

　　這個案例符合了七個態樣：重病投保；②躉繳投保；③舉債投保；④高齡投保；⑤短期投保；⑥鉅額投保；⑦保險給付低於已繳保險費

資料來源：國稅局「實務上死亡人壽保險金依實質課稅原則核課遺產稅案例及其參考特徵」

【案例二】

被繼承人於 97 年 12 月 19 日因肝癌死亡，其死亡前 2 個月至 1 年 2 個月間密集投保（投保時約 71 歲），以本人為要保人及被保險人，並指定繼承人為身故受益人，躉繳保險費 42,477,614 元，受益人所獲保險給付 44,358,797 元。

（最高行政法院 101 年度判字第 201 號判決、高雄高等行政法院 100 年度訴字第 142 號判決）

　　這個案例也符合了七個態樣：帶病投保；②躉繳投保；③鉅額投保；④短期投保；⑤高齡投保；⑥密集投保；⑦保

險給付相當於已繳保險費加計利息金額

資料來源：國稅局「實務上死亡人壽保險金依實質課稅原則核課遺產稅案例及其參考特徵」

　　上述兩個「經典案例」，都在國稅局的明察秋毫之下，被核課了遺產稅。建議讀者們應該先研究清楚國稅局的課稅審查原則，因為如果你買保險的目的是在於避稅的話，國稅局其實很容易就可從這八種態樣中看出異常，而循線追查的結果，是會被連補帶罰的。

想真正達到節省遺產稅的目的，須知五個要點！

要保人、被保險人須為同一人	據遺贈稅法規定，要保人及被保險人都是被繼承人，而且身故保險金有「指定受益人」的壽險保單，可免於計入遺產總額
受益人填寫「法定繼承人」	萬一被保險人（要保人）、受益人因故同時去世，或者受益人比被保險人還要早離世，這時如果受益人欄位沒有填寫法定繼承人，那麼這份保單就是「無指定受益人」，會被視為遺產且納入課稅範圍
國稅局實質課稅原則	國稅局針對投保人壽保險設有「實質課稅原則」，會審核保單的投保動機；如果被國稅局認定有意透過保險避稅，到時候不僅保單價值會被計入遺產總額課稅，甚至可能遭到罰鍰
在死亡前二年變更要保人	• 國稅局規定贈與人（被繼承人）死亡前二年內，贈與給七類特定親屬的資產，都要納入遺產總額計算。這七類特定親屬包括：配偶、直系血親卑親屬、直系血親卑親屬的配偶、父母、兄弟姊妹、兄弟姊妹的配偶、祖父母 • 保單價值屬於要保人的資產，若死亡前二年將保單變更要保人給上述七類特定親友，也會被認為是財產贈與
保險金超過 3330 萬元	受益人領到的死亡給付如果超過 3330 萬元，扣除 3330 萬元後的餘額，要和「海外所得」、「私募基金受益憑證交易所得」等項目，一起納入「個人基本所得額」課徵所得稅

買保險就會有 3330 萬元免稅額？有先決條件！

Q 常常會聽到保險業務員提到保險的「免稅額」可以有 3330 萬的額度，這是什麼意思呢？

A 這個說法其實不夠精確。

根據《所得基本稅額條例》的規定，受益人領取保險給付，若想要扣除 3330 萬元（這是會變動的數字，國稅局會根據物價上漲率調整此數字）的免稅額，還得要符合以下兩個條件：

❶ 受益人和要保人「非同一人」的「特定保險給付」，屬於「死亡給付」部分；

❷ 每一申報戶全年合計數在 3330 萬元以下者，才可免稅；超過 3330 萬元者，死亡給付扣除 3330 萬元後的餘額，仍要計入基本所得額。

我們來進一步解釋。依照《所得基本稅額條例》中的規定，當受益人領取「特定的保險給付」時，必須計入基本所得額，進而計算是否應繳交所謂的「最低稅負」。其中，特定的保險給付是指：

❶ 民國 95 年以後買的「人壽保險」跟「年金保險」（所以，不包括健康險和傷害險）；

❷ 受益人與要保人「非同一人」。

一旦同時符合這兩項要件時，受益人領到的「生存給付」就會全數計入基本所得額。

至於「死亡給付」部分，每一申報戶全年領取合計在 3330 萬元以下者，不用計入基本所得額；但是超過的部分，就要連同海外所得、非現金捐贈等項目，納入當年度基本所得額中，計算最低稅負。

❶《所得基本稅額條例》施行細則第 16 條規定，若為特定保險給付，像是受益人與要保人非屬同一人的人壽保險及年金保險給付，每一申報戶全年所獲得的死亡給付合計數超過 3330 萬元部分，需要計入基本所得額、計算個人最低稅負。

❷若是健康保險給付、傷害保險給付，以及要保人與受益人為「同一人」的人壽保險與年金保險給付，原本就不納入個人基本所得額的規範裡，所以，也就沒有扣除 3330 萬元免稅額度的問題。

投保時間愈長，就是「免被課稅」的保證？

Q 如果投保時間拉長的話，比方繳了十幾年的保費之後，是不是就不會被國稅局調閱查稅呢？

A 也有網路鄉民從前面提及財政部實質課稅審查的「八大態樣」強作解人的認為，只要不是「短期」投保之後就領到死亡理賠金，應該就不會被課稅了！只能說這是「腦補」太多了。

從財政部公布的八大態樣中，僅有列出案例特徵供民眾參考，並沒有具體點出投保時間須在幾年以上，才有免被查稅的資格，因此，建議讀者不宜道聽塗說地過度引申解讀，以免最終落得連補帶罰的下場。

- 不是投保期愈長，就可以不必課稅。
- 投資型保單給付部分是屬於理財行為，不具傳統保險精神，因此理應課稅！

不同的保單，據說會有不同的課稅標準？

Q 前面有提到壽險、年金險有可能被列入遺產的稅基，但是健康險跟傷害險就不用。難道不同的保單會有不同的課稅標準嗎？

A 關於保險給付課稅，國稅局除了採取實質課稅原則一一檢視之後，其實也會訪問納稅義務人，再參酌每個個案的投保動機、保單性質、要保人的經濟及健康狀況、投保年齡以及投保時程等（可以參考前面提及的八大態樣）綜合認定，並不會只以單一理由，或者是保險名稱等「外觀形式」來認定並予以課稅。

健康險跟傷害險的理賠金，因為多半都是由要保人領取（因為生病住院的理賠金，多半是自己領取；也就是要保人＝受益人），比較不會衍生贈與或所得稅的問題；但是，壽險跟年金險，很常發生要保人≠受益人的情況，自然就容易衍生需要課徵遺產稅、贈與稅以及所得稅的問題了。

要保人≠受益人，小心稅金找上門！

> 張伯伯生存（滿期）
> 張伯伯課贈與稅，兒子計入最低稅負

> 張伯伯身故
> 遺產稅依實質課稅原則有機會不計入，超過3330萬元以上計入最低稅負

要保人＋被保險人
張伯伯

受益人
兒子

再者，即便因《遺產及贈與稅法》第 16 條不計入遺產總額第 9 項規定，人壽保險、死亡給付可不計入遺產總額課稅（註：16-9 規定本文為：**左列各款不計入遺產總額：約定於被繼承人死亡時，給付其所指定受益人之人壽保險金額、軍、公教人員、勞工或農民保險之保險金額及互助金**），但因為保險商品的種類相當多元，不僅是人壽保險有死亡給付，其他有很多的保單，也有「死因」給付的理賠金，就不能夠一視同仁，統統視為不計入遺產總額項下，這時就得要個別認定。

例如，年金險是為了「活得太久」擔心沒有足夠多的錢花用，安度晚年，因此，希望保險公司在被保險人尚在時，可以按照約定，逐期給付保險金。因為年金險保單是具有「保單價值準備金」（可以視為現金價值）的險種，因此，就是要保人（假設是張先生）的財產之一。然而，當尚未進入給付期（就是「遞延年金」），被保險人（張先生）就往生了，那麼保險公司要將該筆保單價值準備金返還給要保人（張先生）時，因為要保人、被保險人都是同一人（張先生），所以該筆保單價值準備金就變成要保人（張先生）的遺產，必須用繼承的方式來處理。

另外，在本國也風行的「還本型醫療保險」，也有類似的問題。如果當被保險人身故，保險公司會給付壽險保障（身故理賠金）給受益人，那麼這種死亡給付，也都將納入遺產稅的實質課稅審查範圍，就不能夠全然主張要不計入遺產總額、規避課徵遺產稅了。

由於賦稅相關的規定多如牛毛，如果在申報遺產稅時，不確定會不會被課稅的話，建議可以把身故者所有的保單資料通通寫入遺產稅申報書當中的「不計入遺產總額」欄位中，並且檢附有關證明文件，讓國稅局審查後取得完稅證明，以避免漏報而受罰。

狀況	要保人	被保險人	身故受益人	解釋
❶	A 死亡	A 死亡	B	要保人＝被保險人： 免課遺產稅 例外：實質課稅
❷	A 死亡	B	A	計入 A 的遺產
❸	A 死亡	B	C	計入 A 的遺產

父母代替子女繳保費，可以規避贈與稅？

Ⓠ 也有聽說，父母可以幫小孩繳保費，等到繳費期滿，小孩就可以領滿期金，是一種透過買保單的方式，將資金轉給小孩的「妙招」。這樣做是不是可行呢？

Ⓐ 節稅的管道有很多，但需要是合法的，才不會有後遺症。接下來我們就來看看，根據《保險法》，誰需要繳交保險費，誰又具有保險利益。釐清楚權利義務關係之後，我們就可以得知，父母幫小孩繳保費是不是真的是資產轉移的妙招？

根據《保險法》第 3 條「本法所稱要保人，指對保險標的具有保險利益，向保險人申請訂立保險契約，並負有交付保險費義務之人。」所以，要保人有交付保險費的「義務」，交完保費之後，就「對保險標的具有保險利益」；更淺白一點講，就是要保人持續所繳的保費會累積保險利益，也就是這張保單具有「財產價值」。

再看《保險法》第 4 條：本法所稱被保險人，指於保險事故發生時，遭受損害，享有賠償請求權之人；要保人亦得為被保險人。

《保險法》第 5 條：本法所稱受益人，指被保險人或要保人約定享有賠償請求權之人，要保人或被保險人均得為受

益人。

從《保險法》的這三條法條來看，說明了一件事：由於保單價值利益屬於要保人的資產（用錢換來的），如果要保人是子女，但實際出錢的卻是父母，那麼父母繳了保費，財產卻變成是子女的，這等同父母無償為子女購置財產，在稅法上稱為「視同贈與」，就會衍生出需不需要繳交贈與稅的問題。一旦當年度父母代子女支付的保費金額，加計其他贈與的財產，超過 2022 年開始適用的免稅額度 244 萬元，那麼，超過的部分就會被課徵贈與稅！

INFO

財政部公告，111 年起，贈與稅納稅義務人每年得自贈與總額中減除免稅額 244 萬元。贈與人在同一年度內不論其贈與次數及贈與財產總額或受贈人數多少，其免稅額均為 244 萬元。

贈與免稅額度是以「贈與人送出去的錢」計算，不是用「每個受贈人收到的錢」分別計算；也就是說，不論贈與給多少人、贈與了多少財產，只要贈與人在同一年度累計贈與財產合計超過免稅額，就必須在贈與行為後 30 日內申報贈與稅。

除了上述父母從一開始就幫子女代繳保費的情況之外，另外還有一種常見的做法是，父母一開始買保單，「光明正大」地就是要保人（所以，父母繳保費），並讓子女成為被保險人。若干年之後，再請保險公司將要保人從「父母」變更為「子女」，等同於將原本屬於父母的「保單財產」移轉給子女，這顯然就是一種贈與行為，國稅局查獲之後，也是會發單補課贈與稅的喔！

要保人與被保險人的關係	稅金問題
要保人＝父母；被保險人＝父母	不會有贈與稅的問題
要保人＝父母；被保險人＝子女	受益人為父母 →有遺產稅 受益人為子女 →可能產生遺產稅
要保人＝子女；被保險人＝父母	可能產生贈與稅
要保人＝子女；被保險人＝子女	可能產生贈與稅

　　此外，也有因為想利用信用卡優惠，或者提供自己的帳戶幫家人代刷代扣保費的情形，但「實情」並不是代繳保費的，也需要保留資金流程證明，避免被國稅局「誤會」。

　　大多數的保險公司，為了保單成交，除了要保人之外，多半還會接受被保險人及受益人繳交保費，如此一來，是否會涉及贈與？這可不是保險公司的權責，保險公司並不會進行查核，得要由當事人自行評估，願不願意冒著被國稅局補稅的風險？適不適合出借自己的信用卡或銀行帳戶？為了避免被國稅局「誤會」，一旦選擇幫家人代刷代扣保費，那麼建議你務必要留存相關的紀錄，以免被迫得要繳交贈與稅。

　　另外還要注意，當要保人（父母）和受益人（子女）不同，那麼子女領到的每一分錢，也都要計入基本所得額（適用「所得基本稅額條例」），形成「一筆保險金、二種稅額」的情況。首先，會先計算要保人（父母）是否要繳交贈與稅；接著，又會計算受益人（子女）是否要繳交最低稅負（所得稅）。目前已經有課稅的案例發生了，如果是大額保單的話，在規劃上務必要更小心注意才是。

如何做好節稅規劃，國稅局節稅祕笈告訴你！

Q 這樣聽起來，保險規劃牽涉到的稅法規定還挺複雜的。有什麼資源可以即時參考的嗎？

A 稅法規定除了多如牛毛之外，也會因為市況的改變，相關繳稅的門檻、額度及做法也會跟著與時俱進，做滾動式的修正。想要避免被國稅局關注，事後遭到查核，那麼基本上除了要符合稅法規定之外，歸納國稅局官網上提供的「節稅祕笈」中的要點有三，簡述如下：

⭐ 定期繳費而非躉繳

鉅額躉繳的保單，太過顯眼，肯定會吸引國稅局注意。如果是「期繳」的方式，並且善加利用每年贈與稅免稅額度 244 萬的話，藉由時間拉長，父母（兩人每年就有免稅額度 244×2 = 488 萬）就可以逐步轉移資產給子女。

⭐ 愈早投保愈好

由於時間是國稅局的敵人，愈早投保，除了愈早可以享受保險防護傘的保障之外，因為資產傳承、轉移，也需要更長時間才能有更細緻的規劃，所以，往往高資產人士的保單規劃，都是在子女出生那一刻就開始進行了；保單將是很重要的一項工具。

⭐ 指定受益人

眾所周知，目前每年繳的保險費是可以申報列舉扣除綜合所得稅的，每人每年有最高 2 萬 4000 元的列舉扣除額。此外，如果不幸事故，只有「指定受益人」領取的死亡保險金，才可以免納入遺產稅中計算。相關的解釋，我們放在〈第一次就上手 No.4〉單元。

保單規劃五大眉角，傳承財富看過來！

Q 如果想用保單當成是資產傳承的工具的話，在規劃時，有沒有哪些需要注意的？

A 如同前面的內容所言，保單既可以提供保障，也是一項普遍用來當成資產傳承的工具；規劃得宜，既可以節省遺產稅，也可以按照要保人（長輩、被繼承人）的意願，透過指定受益人的方式，將資產（滿期金、理賠金）轉給予晚輩（子孫、繼承者們）。

但畢竟稅法也是天羅地網，稍一失神，就會被國稅局連補帶罰，省稅不成，反倒得不償失！在規劃上，老師會建議大家注意以下五點，可以趨吉避凶，達到資產傳承的目的。

☆ 眉角❶：要保人、被保險人要是同一人

以壽險保單而言，要保人與被保險人必須為投保人自己（被繼承人），再加上身故保險金有指定受益人的壽險保單，就可以不用計入遺產總額。這是稅法上的規定。所以，在規劃保單時，按照此條文的規定，父母在生前投保壽險，並把受益人填寫為自己的小孩及配偶，另外加上「法定繼承人」，如此一來，保單價值就可免計入遺產總額課稅，可以達成資產轉移的目的。

☆ 眉角❷：受益人一定要加上「法定繼承人」

受益人欄位依序填寫各個法定繼承人之外，為了避免意外發生時，被保險人（＝要保人）、受益人同時去世；又或者是受益人們先於被保險人離開，卻又忘記補上新的受益人，那麼，這筆保單就是「無指定受益人」的保單，會變成遺產納入課稅範圍。

但是如果加上「法定繼承人」，那麼人壽保單給付給該法定繼承人的金額不但免課徵遺產稅，如果額度在 3330 萬

元以內，也可以免計入繼承人的個人最低稅負制，同時也免課綜所稅，等於有三重節稅的好處。詳細的情形，請讀者參考「第一次就上手 No.4」的說明。

☆ 眉角❸：注意國稅局揭露的「八大態樣」

國稅局已經明白揭櫫，有這八種態樣的投保型態不可取，也就是國稅局的地雷，那麼我們在規劃保單時，就盡量不要去踩地雷，免得節稅不成反被罰！

☆ 眉角❹：不要任意變更要保人

既然保單價值是要保人的資產，一旦變更要保人，就是有牽涉到贈與的情事。此外，如果變更時間點是在要保人死亡前兩年內，還有遺產稅的問題。

依《遺產及贈與稅法》第 15 條規定，被繼承人死亡前二年內贈與配偶、民法第 1138 條及第 1140 條規定的各順序繼承人（直系血親卑親屬、父母、兄弟姊妹、祖父母）及其配偶的財產，應列入遺產課稅。

因此，保單價值既然是屬於要保人的資產，如果在死亡前二年內，曾經將保單的要保人變更給上述特定親友，除了會被國稅局認為是財產的贈與之外，這些財產仍需被併入原要保人之遺產總額申報。如此麻煩，不可不慎。

態樣	贈與額	贈與日
將要保人變更為他人	保單價值	變更日
非要保人之受益人，領取生存金或期滿金	給付金額	給付日
他人代繳保費	代繳金額	代繳日
他人代繳保單借款	代償金額	代償日

☆ 眉角❺：注意最低稅負制的規定

這就是前面提到關於 3330 萬元免稅額的誤解。我們在規劃時一定要注意，如果受益人領到的死亡給付（受益人和要保人非屬同一人的人壽保險和年金保險），要是超過 3330 萬元，那麼在扣除 3330 萬元後的餘額，還得和非現金捐贈、海外所得、私募基金受益憑證交易所得等項目，一起納入個人基本所得額計算所得稅。

　　保單除了可以提供保障之外，如果善加運用規劃，還是一項良好資產傳承的工具；既可以達到指定給某些人的目的，還可以有機會節省為數可觀的稅負。只不過在運用的同時，要避免前面提到的 NG 行為，以免節稅不成，反倒需要加成補稅，那就治絲益棼了。

繳費方法用對了，可以幫荷包省錢！

保費是年繳好，
還是月繳好？

任何一筆金錢的支出，不管是一般商品的消費，還是金融商品的消費，要如何讓成本效益（也就是流行用語 C/P 值）最高，這是理性又精明的消費者和投資人都會想要瞭解的。既然風險規劃已經是整個人生財富管理的標配，那麼，當你精挑細選出某一款保單、打算簽約之後，保險顧問可能會問你：你打算怎麼繳保險費？是要年繳、半年繳、季繳還是月繳？

又遇到選擇性障礙的問題了嗎？

其實，我們只要用簡單的算術，就可以回答這個問題了！

通常保險公司提供給要保人（保戶）繳付保險費的方式可以分為：年繳、半年繳、季繳、月繳這四種，這是為了配合每位要保人不同的經濟情況，設計出不同繳費期別的方式。但是，保險公司內部在計算有關保險費的各個項目時，其計算基礎，卻都是以「年」為單位。如果是這樣，保戶繳交保險費，若以「月繳」的方式，是不是比較便宜呢？

很多人可能會以為，就跟繳銀行信用卡帳款一樣，保險公司也會讓你用「分期零利率」的方式繳交保費。可是，保險公司並不是要鼓勵你消費，所以，並不會「無償」（不收利息）地提供給你「分期」的優惠！因此，千萬不要天真地以為，保險公司月繳、季繳、半年繳的保費計算方式，就是等於年繳保費數字除以 12、除以 4 或除以 2。因為，保險公司是不會讓你享有分期付款免利息的優惠的。

那麼，保險公司如何計算「分期付款」的數字呢？

幾乎在各個保險公司的網站中，都會舉例說明，某一張保單若是採取月繳、季繳、半年繳以及年繳的保費多寡。而這各種期別所需繳費的金額，也都是依據保險法的相關規定，由特定係數計算出來的。以下我們就舉數字說明，方便讀者瞭解不同期別繳費方式之間的差異。

保險商品非年繳之各種繳別係數		
月繳對年繳	0.088	年繳保費 × 0.088
季繳對年繳	0.262	年繳保費 × 0.262
半年繳對年繳	0.52	年繳保費 × 0.52

假設某張保單的年繳保費是 1 萬元，如果客戶要採用其他期別繳交的話，不同期別的費用數字分別是：

- **半年繳：**

    10,000 元 × 52% = 5,200 元

    所以，每年的總保費其實是：

    5,200 元 × 2 = 10,400 元

    比「年繳」多出 400 元的保費

- **季繳：**

    10,000 元 × 26.2% = 2,620 元

    所以，每年的總保費其實是

    2,620 元 × 4 = 10,480 元

    比「年繳」多出 480 元的保費

- 月繳：

    10,000 元 × 8.8% ＝ 880 元

    所以，每年的總保費其實是

    880 元 × 12 ＝ 10,560 元

    比「年繳」多出 560 元的保費

看到了嗎？其他各種期別繳費方式的總保費，再換算成以「年」為計算單位，都會高於年繳的保費；顯然，因為保險費的繳交，多半是為長期繳付的形態，如果保戶分多次繳納，那麼保險公司也會額外多出作業成本，所以，年繳的方式就會比較划算。

重點 ● 如果條件允許，建議使用年繳，儘量不要分期。
　　　　● 如果不得不分期繳納，儘量選擇半年繳。

年繳保費 10,000 元，月繳、季繳、半年繳、年繳的差別

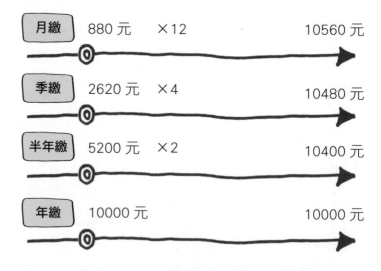

除了以年繳的方式繳交保費，費用相對最省之外，其實還有三種方式，也可以降低保戶的總繳保費：

☆ 提供銀行帳戶自動扣帳的方式繳交保費

因為可以節省保險公司的作業成本，所以，保險公司會提供優惠折扣，一般來說，大約是 1%。這項的好處，除了有保費折扣之外，還可以避免因為業務員經手，造成錯帳、漏帳的可能，以及自己忘了繳交保費，而使得保單失效的風險。

銀行帳戶自動扣繳保費

通常有 1% 的保費折扣

不必擔心經手的業務員錯帳、漏帳

不必擔心自己忘記繳交保費

☆ 透過「集體彙繳」的方式送件，可以享受保費折扣的優惠

集體彙繳的方式，就類似「團購」可以有數量折扣的概念一樣。大致而言，如果可以集合同一個公司或團體內所屬員工或成員，以及其家屬若干人（通常至少要五人以上），經契約當事人同意，採用同一收費地址、或同一個金融機構或者同一繳費管道之個人保件，就會有 1% 左右的折扣。

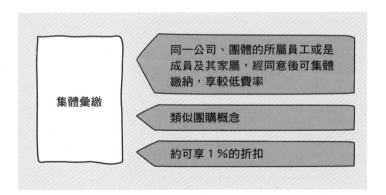

集體彙繳

同一公司、團體的所屬員工或是成員及其家屬，經同意後可集體繳納，享較低費率

類似團購概念

約可享 1% 的折扣

☆ 「高額保費」也會有折扣

這是一種優惠「大客戶」的概念。至於多高的保費算是「高額」？各家保險公司，針對不同的產品會有不同的定義。這類的折扣，有時候可以高達 3% 以上。

高保額／
高保費

約 1%～3% 不等的額外保費折扣

高額保費等於繳費的壓力相對變大，保戶務必做好事前財務分析

　　透過以上幾種觀念的說明，保戶若可以善加運用，有時候甚至於可以「每年」幫自己省下至少 5% 以上的保費，這在低利率時代，也是一種顧荷包的方式！

節稅眉角要注意，小心重稅上身！

被國稅局盯上的投保特徵

觀念速解

金融消費評議中心

簡稱評議中心，針對銀行、保險、證券、期貨等金融消費爭議，透過調處評議來處理金融消費者與金融服務業因商品或服務所產生的民事糾紛。據統計，目前的金融爭議案件中，以保險的訴訟比例最高。

在金融消費評議中心每年公布的壽險業遭到申訴或評議項目中，關於非理賠類，向來以「業務招攬爭議」最多；這些客訴的內容中，又以保險業務員在銷售過程中未清楚說明保單內容，或者不當勸誘客戶以貸款方式購買保險商品，或者以保單可以節稅等說法勸誘客戶買保險等，都是屬於較常見的招攬爭議事件。

在〈第1天第4小時〉的內容當中，我們曾經說明，保單在某些條件俱足的情況之下，的確是有節稅效果的。但是，仍有少數情況會讓保戶誤以為只要安排好保險契約，就可以統統不用繳稅！這是確定的誤區，千萬不要碰！

針對誤信保險業務員不用繳稅的說法，保戶買了高額的保單，最後卻落得遭到國稅局連補帶罰的案例，也已經愈來愈多！而這些案例當中，倒楣的不只是花鉅資買保險的保戶，甚至於還有判例，是法院認定壽險業務員有「未為說明」及「以誇大不實之宣傳、廣告或其他不當之方法為招攬」之情事，使得要保人誤信保險確可達成減免遺產稅之目的，卻反遭國稅局將保險金納入遺產予以課稅，而認定保險業務員有過失，並且判定該保險業務員及其所屬保經公司應連帶賠償之情事！（資料來源：臺灣臺北地方法院102年度訴字第412號民事判決、勝綸法律事務所專欄）因此，保戶在打算聽信良莠不齊的業務員「保險可以節稅」的說法時，是需要有些基本認知的。更何況，財政部國稅局已經明白揭露有八項會遭補稅的地雷行為「超母湯」，讀者們不要輕易踩到，更不可不知！

八種可能會被課徵遺產稅的投保特徵

由於實在太多保戶誤以為買了保單，就可以萬無一失、堂而皇之的不用繳稅，造成徵納雙方的困擾，於是國稅局就以「實質課稅原則」，羅列出以下八種可能會被課徵遺產稅的投保特徵，供民眾參考：

❶ 躉繳投保，就是一次繳清保費；
❷ 高齡投保，例如超過 70 歲，仍積極地購買壽險；
❸ 帶病投保甚或重病投保；
❹ 短期投保，特別是在死前三年內所投保的保單，都很容易被認定是為了規避遺產稅而投保；
❺ 密集投保，特別是在兩、三年內就累積投保兩張以上的保單；
❻ 鉅額投保，例如保額在 1200 萬元以上，通常就會被認為是鉅額保單；
❼ 舉債投保，國稅局發現之後，就會去追查保費來源，若來自於銀行貸款或是他人借貸等，就很可能是為規避稅負所為之投保；
❽ 保險給付的金額，竟相當於已繳保險費加計利息金額；特別是繳交保費的合計數竟然超過保額時，國稅局會認為此保單恐違反保險保障的精神。

但是理賠的保險金是否須要課徵遺產稅，國稅局的審查原則是採取綜合認定，會參酌保戶的投保動機、保單性質、經濟狀況還有繳費時程等，並不是符合以上八項特徵，就一定會被認定違反保險保障精神、有逃漏稅之嫌。

母湯喔！會被國稅局緊盯的保單八大態樣

❶	躉繳投保	例如一次性繳清 3000 萬元保費，領回金額略高於總繳保費
❷	高齡投保	已經 80 歲、85 歲了，仍設法大量購買不需體檢且高保費的保單
❸	帶病投保甚或重病投保	明知自己罹患重病（例如罹癌、中風、帕金森氏症等）或人已經住進加護病房了，仍刻意積極投保
❹	短期投保	死亡前三年內投保，且購買多張短年期保單
❺	密集投保	一次性購買多張高保費的保單
❻	鉅額投保	購買多張高保費的保單，例如保費 1314 萬元，死亡保險金 1142 萬元
❼	舉債投保	例如抵押房產，拿貸款買保單
❽	保費高於或等於保險金額	投保三年多，保費約 2944 萬元，死亡保險金約 2933 萬元

💜 貼心小提醒：

• 財政部官員指出，納稅者權利保護法規定，原則上一般避稅行為不會另外裁處漏稅罰，但民眾在申報或調查時，故意隱匿事實或有虛偽不實之陳述，國稅局仍會裁罰補稅。

　　根據財政部臺北國稅局的說法，上述實質課稅是以「八大態樣」進行全面性分析，目前並沒有實際訂出標準，也不會以單一因素決定，而是通盤考量、綜合判斷後的結果。因此，課稅與否的重點還須回歸到投保動機；若保險目的在於避稅，從這八種特徵中就能看出異常。

　　國稅局還舉例，如果一個生重病的要保人，在投保後短期內就去世了，審查他跟保險公司投保的金額不僅相當高，且密集買了好幾張保單，在合理的推斷之下，該保戶就會被視為是在利用「即將成為遺產的現金」，透過投保的方式，大量且密集的將其轉換為保費支出，在被保險人

（也是要保人）去世之後，成為保險給付，自行認為有機會免被納入遺產課徵遺產稅。

另外，國稅局的實質課稅原則，也不會僅僅拘泥於保險的「外觀形式」，舉凡健康保險（醫療險）、人壽保險或者是年金保險，國稅局都會考量其實質內容，再決定是否予以課稅。

因此，在國稅局已經這麼明確地揭露可疑的「八大態樣」之後，民眾在買保單時，就要注意，不要故意想用「法律形式」達到規避稅負的效果，這是會引來連補帶罰的後果的！（資料來源：國稅局、《今周刊》）

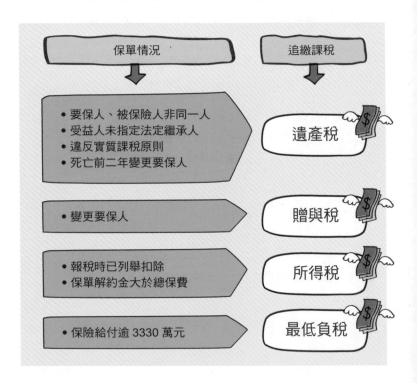

保單情況	追繳課稅
• 要保人、被保險人非同一人 • 受益人未指定法定繼承人 • 違反實質課稅原則 • 死亡前二年變更要保人	遺產稅
• 變更要保人	贈與稅
• 報稅時已列舉扣除 • 保單解約金大於總保費	所得稅
• 保險給付逾 3330 萬元	最低負稅

 重點

● 所謂的保險金 3330 萬元內免稅，是指最低稅負，不是遺產稅。

● 保險金是否須課遺產稅，要由國稅局實質課稅審查。

課後心得
重點整理

第1天
課程結束!

第2天

保單百百款，
哪幾款是必買標配？

現在的壽險費用愈來愈貴，要怎麼買才不會傷荷包？有人推薦保單可以兼具「儲蓄」跟「保障」，那是什麼險種？

第 **1** 小時　壽險商品哪些誤區碰不得？是終身壽險好，還是定期險好？

第 **2** 小時　生病住院、病房升等，醫療險有賠嗎？良好的醫療險要有這些點！

第 **3** 小時　跌倒撞到頭，意外險竟然不賠？這些狀況要搞清楚，以免花了冤枉錢！

第 **4** 小時　投資型保單讓你進可攻退可守，還是讓你進退失據？

壽險商品哪些誤區碰不得？
是終身壽險好？
還是定期險好？

壽險，可以提供人身保險中最基本的保障；也被認為是必備款。但是，在保費愈來愈貴的年代，如果受限於預算，卻又需要基本的保障，有沒有便宜又大碗的替代方案？

單元重點

· 既是入門款、也是必備款的險種——壽險

· 哪兩類人一定要規劃壽險保單？

· 定期型 vs. 終身型關係到預算，也關係到「保障年期」

· 有終身，也有一年，保障年期這樣選

· 兼具有滿期保險金，跟身故保險金特色的「生死合險」

車貸

房貸

日常生活費

人壽保險可以提供最基本的保障，是必買標配！

教育費

孝親費

既是入門款、也是必備款的險種——壽險

Q **很多保險業務員都會告訴我們一定要買壽險，而壽險也號稱是保單的入門款，這是什麼道理呢？**

A 這是有道理的，壽險的確是入門款，也是必備款。在進一步說明原因以及要怎麼買壽險之前，我們先來瞭解什麼是壽險。

　　什麼是壽險？

　　壽險，其實是「人壽保險」的簡稱，可以提供人身保險中最基本的保障。買了人壽保險，那麼在保險契約有效時間內，「被保險人身故或全殘」，受益人就可以申請保險理賠金。

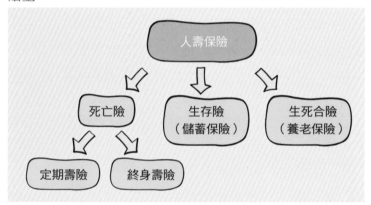

　　從上面這段關於人壽保險的簡單定義，我們可以找到三個重點：

☆ **壽險的主要功能：提供理賠金。**

錢，雖然不是萬能，但是沒有錢卻是萬萬不能，這句話大家都聽過。在已經不是以物易物的現在，人活著，就得要拿著錢去交換生活物資；沒有錢，就得要想辦法去掙錢。可萬一人走了，收入來源就斷了，而如果這個人又是一家之主，是全家唯一的掙錢來源，可想而知，這一家子會有多慌亂！就算是親朋好友的奠儀、接濟，也只是杯水車薪，只能夠短暫

地度過難關。但是，如果有人可以給付一張支票，而且是一大筆錢，那就不只是可以讓這一家子度過「難」關（家人死亡的「難過」、沒錢生活的「難過」），還可以安身立命。這一張支票、這一大筆錢，就是來自於壽險的理賠金！

⭐ **壽險的保障對象：上述的這位一家之主，需要是「被保險人」。**

在〈第 1 天的第 1 個小時〉裡，我們提到「要保人」，是繳交保費的人；「保險人」是保險公司，就是收保費並提供保障的單位。那麼「被保險人」指的是保險契約中被保障的對象，如果被保險人發生保險契約中所條列的事故，或者遭受損害時，可以提出賠償請求權，此時保險公司會根據事實狀況（身故或者是全殘）來給付保險金。

在保險領域中，被保險人可以是自然人（個人）、法人（團體或組織），但是，「人身」保險中的被保險人，就只能是自然人。例如：張三幫自己買了一張壽險，受益人寫張太太，這時候要保人跟被保險人都是張三，倘若張三不幸身故（或者是全殘）了，那麼張太太即可申請理賠金。

⭐ **被保險人（即前例的張三）需要在壽險契約的有效時間內身故（或者是全殘），受益人（就是前例的張太太）才可以申請理賠金。**

從上面的解釋就可以知道，為什麼大多數的保險業務員會告訴我們，壽險既是入門款，也是必備款。因為我們大多數的人都會是被倚賴的對象，也都不知道哪一天會去跟你的佛祖或者上帝報到。一旦我們不在世上了，那些需要倚賴我們過生活的家人，會不會因為這突如其來的變故而流離失所、拮据度日？如果答案是「會」的話，就必須把這種讓家人「流離失所、拮据度日」的風險，轉嫁給保險公司。怎麼轉嫁？就是買一張壽險保單了。

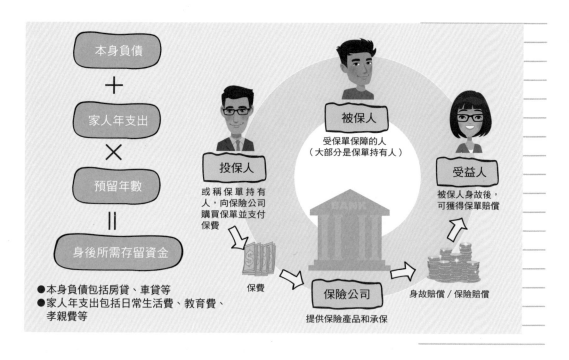

哪兩類人一定要規畫壽險保單？

Q 哪些人一定得要規劃壽險保單？

A 保險規劃的基本原則會告訴你，這兩類人一定得要規劃
壽險保單：

❶ 你是家庭中主要／唯一的經濟來源者；

❷ 你肩負撫育及照顧家中其他成員責任。

當然，如果你已經是家財萬貫的富翁，準備好的生活費
足以讓五代同堂的家人幾輩子都吃穿不愁，就沒有前述壽險
的需求了（但是可能還有其他的需求，比方說稅務規劃、資
產分配的需求，這部分可以參照〈第一天第 4 小時〉章節）。
又或者你打算一輩子單身，過著一個人飽就全家人飽的單身
貴族生活，家中也沒有長輩需要孝養，就這麼瀟灑來去紅
塵，那麼就不用買壽險了。

定期型 vs. 終身型關係到預算， 也關係到「保障年期」

Q 既然壽險幾乎可以說是多數人的必備款了，不過，在經濟相對拮据的時候，又或者是前幾年利率很低的時候，保險費也是一筆不小的負擔。我們在規劃買壽險時，有沒有需要注意的地方呢？

A 前面說明的可以申請壽險理賠金的條件，其實還有一項，是被保險人如果在「契約有效期間內死亡（或者是全殘）」，就可以申請壽險理賠金。所以，關鍵點會是被保險人在「契約有效期間內死亡（或者是全殘）」。

由於一分保額、一分保費，所以，在有限的保費預算下，錢就必須要花在刀口。在規劃人壽險時，保險顧問是建議你買「定期型」還是「終身型」保險呢？這不僅關係到你買保險的預算，也關係到保險公司能提供給你多長的「保障年期」。

那麼「定期型」跟「終身型」保險的差異，到底在哪裡呢？

簡單來說，差別就是保費要繳多久？保險公司提供的保障又有多久？我們可以先來認識「保障年期」（有些公司又稱「主契約終期」）與「繳費年期」這兩個關鍵名詞。

●**保障年期**：這是指，保戶在「這段期間內」發生保單條款中所定義的事故（疾病、意外、身故或全殘），那麼保險公司就有義務要理賠。

●**繳費年期**：這是指保戶跟保險公司約定需要繳交保費的期間有多久。

要怎麼知道這些訊息呢？讀者們可以翻開您手上保單的第一頁，通常就會記載這些資訊。

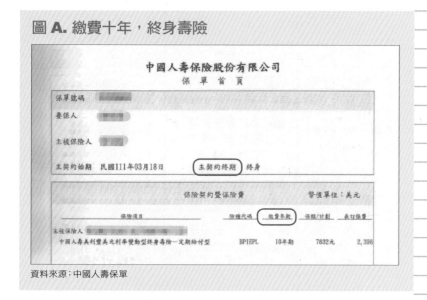

圖 A. 繳費十年，終身壽險

資料來源：中國人壽保單

　　保單上面的「繳費年期」，就是指「需要繳費十年」。

　　保單上面的「主契約終期」，就是指「終身保障」。

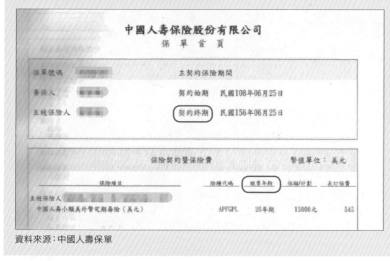

圖 B. 繳費 20 年，非終身壽險

資料來源：中國人壽保單

　　上面寫的「繳費年期」，就是指「需要繳費 20 年」。

　　上面寫的「契約終期」，就是指「保障」到民國 156 年 06 月 25 日。

	定期壽險		終身壽險
	一年期	多年期	主約商品較多，附約商品較少
商品類型	附約商品較多，少數是單獨商品	主約商品較多，附約商品較少	
保障期間	保障期間一年，大部分可逐年續保	通常等同繳費年期，比方說 10 年、20 年、25 年、30 年	投保生效日～身故或最高承保年齡
保障	身故 / 完全失能保險金	身故 / 完全失能保險金	身故 / 完全失能保險金
其他保障			喪葬補助 若被保險人在最高承保年齡時仍生存，可獲得祝壽金
收費標準	●自然費率（階梯式） ●愈年輕投保，保費愈便宜 ●可逐年續保，保費將隨著年齡增加（風險評估）而增加	●平準費率（固定式） ●與年齡相關，保戶在選定投保期間後，因為平攤原理的關係，該期間要繳交的保費都一樣	●平準費率（固定式） ●以投保時的年齡為準，保障期間長；因為平攤原理，要繳交的保費都一樣 ●繳費期間常見的有 10 年、20 年等
差異	兩者同一額度時，因為年期有限（比終身期還短），保費較為便宜		和定期壽險相比，保費比較貴

有終身，也有一年，保障年期這樣選

Q 那麼，保障年期要怎麼選，比較適合我呢？

A 市面上保險公司保單的「保障年期」，大約可以分為以下三種：

⭐ 一年期的定期險

這就是一年一保的險種。換句話說，每年續約、有繳錢就有保障；沒有續約、沒有繳錢，就沒有保障。

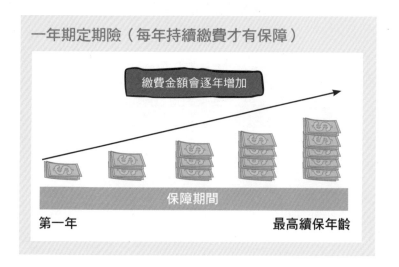

一年期定期險（每年持續繳費才有保障）

繳費金額會逐年增加

保障期間

第一年　　　　　　　　　　　最高續保年齡

⭐ 多年期的定期險

如果覺得每年續約很麻煩，或是擔心保險公司如果因為保戶體況改變、不讓續約的話，可以一次簽訂較長年期的保險契約，常見的年期有 6 年期、10 年期、20 年期等的定期險。另外，保險公司為了「吸引」保戶，又會提供不同的方案，例如：

保障年期等於繳費年期，例如繳費 10 年，就保障 10 年。

這是最簡單明瞭的一種。

繳費期間結束後，保險公司仍多提供幾年的保障，例如
繳費 10 年，提供保障 15 年，而不是前述的只有保障 10 年。
以上述的圖 B 為例，繳費期間是 20 年期（繳到民國 128 年），
但繳費 20 年之後，可獲得保障到民國 156 年。

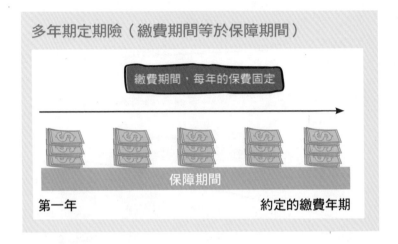

⭐ 終身險
常見的繳費年期有 6 年期、10 年期、20 年期等，卻可以獲
得終其一生的保障。例如，上述圖 A 的繳費期間是 10 年期，
但繳費 10 年之後，獲得的保障是一輩子的。

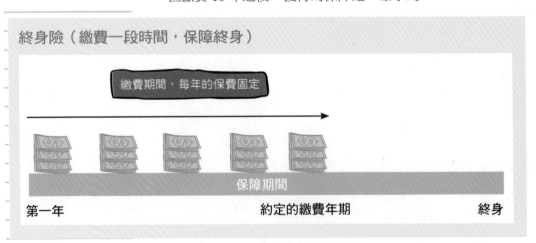

　　因為保險公司提供的保障期間不一樣，自然收取的保費結構，也就不一樣──保障期間愈短的，保費自然也就愈便宜。保戶可以斟酌自己的保費預算來決定投保什麼險種。

● 死亡保險：僅在被保險人死亡發生（或者重殘）時，由保險公司依保險契約所約定的金額，給付保險金的保險。
死亡保險依保險期限為一定期間或終身來分類，可分為定期保險及終身保險。

● 定期保險：是指在保險契約中，保險公司會訂立「一定期間」為「保險期間」，當被保險人在保險期間內死亡，保險公司才需負給付保險金的責任；如果保險期間屆滿，被保險人仍然生存，則保險契約「終止」，保險公司從保險期間屆滿之日起，即無給付保險金的責任。

❤ 貼心小提醒：

• 一年期壽險：只要保戶準時繳費，在保單持續有效的條件下，即便保戶的健康變差，保險公司仍必須承保。

• 多年期壽險：每家保險公司的條件可能略有不同，保戶一定要仔細閱讀保單條款。如果不放心，建議可以搜尋有註明「保證續保」的商品。

Ⓠ 如果預算有限的話，有沒有什麼建議方案可供參考執行的？

Ⓐ 保險雖然是必備且重要的選項，但在財富管理的規劃裡，多半會被歸類在中長期的領域；在資金的布局、現金流的考量裡，當然要考慮到每年在固定的時間，是不是有足夠的現金流可以支應保費，避免因為資金斷炊繳不起保費而讓保險失效。

　　小資男女，尤其是剛開始有收入的社會新鮮人、剛結婚面臨捉襟見肘的新婚夫妻等經濟相對拮据的族群，在預算有限、屬於「標配」的保險仍然不可偏廢的情況下，建議應先遵循「重保障、輕儲蓄」的原則，將壽險、意外險（詳見〈第2 天第 3 小時〉）的保障列為優先選項。萬一發生意外事故，輕者需要短期的醫療照護、因而沒有收入；嚴重者，可能家

庭主要的經濟來源者身故，將會有很長一段時間沒有固定收入。藉由保險公司的理賠，可以有足夠多的保額（理賠金）留給家人使用，作為家庭生活費或其他用途的來源。

再者，因為終身壽險的保費比起定期壽險的保費畢竟高出許多，小資男女們在規劃前述的壽險跟意外險時，建議可採「先定期、後終身」的原則，先買定期險，可以有短期的保障，等到收入較為穩定或提高了，再來考慮是否需要轉為終身險。以短線保護長線、先求有再求好的概念，架構起基礎的保護傘，才不會陷入因為資金不足卻又需要繳交保費，因而排擠掉其他資產配置規劃的窘境。

終身保險的繳費方式

險種	特色
躉繳終身保險	簽訂保險契約之後，須一次繳納全部應繳的保險費，此後毋須再繳交保費。
終身繳費終身保險	只要被保險人在世，要保人就必須依照契約約定繼續繳納保險費，直至終身。
限期繳費終身保險	限期繳費，保障終身。

❶ 躉繳終身保險：目前躉繳終身保險的方案，由於牽涉到國稅局實質課稅當中，可能有規避稅負的認定，所以，這種保險方案已經愈來愈少了。

❷ 終身繳費終身保險：由於這種繳費方式，是「終其一生」（活到老、繳到老）都需要繳費，當要保人（保戶）在退休或失去工作能力、沒有所得之後，仍然需要繼續繳費，就有可能面臨因為繳不起保費而讓保險失效的問題。

案例

30 歲，男性，保額同樣是 500 萬元，定期型與終身型，不同的繳費方案比較表

	方案一	方案二	方案三	方案四
投保公司	三商美邦人壽	三商美邦人壽	三商美邦人壽	三商美邦人壽
商品名稱	GO祥順一年定期壽險附約（GOSTR）	祥安心終身壽險(定期給付型)(NXWL)	祥安心終身壽險(定期給付型)(NXWL)	新祥順定期壽險附約(NSTR)
投保年期	1年期	10年期	20年期	20年期
投保金額	500萬元	500萬元	500萬元	500萬元
應繳保費（男）	6,250元	278,000元	164,000元	12,700元
一般身故與完全失能保險金	500萬/一次	500萬/一次	500萬/一次	500萬/一次
意外身故與完全失能保險金	500萬/一次	500萬/一次	500萬/一次	500萬/一次
癌症身故與完全失能保險金	500萬/一次	500萬/一次	500萬/一次	500萬/一次
生命末期保險金		100萬/一次	100萬/一次	
是否豁免	否	否	否	否

資料來源：三商美邦人壽

⭐ 方案一（GOSTR）

一年一保，保費每年繳 6250 元，但因是屬於自然保費，所以，每年保費都會調整，原則上可以續保，可保障到 85 歲。

⭐ 方案二（NXWL）

繳費 10 年，但每年須繳交保費 27 萬 8000 元，需要繳交十年，合計總繳保費是 278 萬元，保障終身。

⭐ 方案三（NXWL）

跟方案二一樣，不過這個方案是繳費 20 年，每年需要繳交的保費是 16 萬 4000 元，合計總繳保費是 328 萬元，保障終身。

☆ 方案四(NSTR)

繳費 20 年,每年須繳交保費 1 萬 2700 元,需要繳交 20 年,合計總繳保費是 25 萬 4000 元,但是保障也只有 20 年,而不是終身。

大家注意到了嗎?同樣是定期險,如果是一年一保的話,目前只要繳 6250 元(方案一)。但是,如果一次保 20 年,每年就得繳 1 萬 2700 元(方案四),相差超過兩倍!

一年一保的好處是,保額可以機動調整,如果覺得自己擔負的責任減輕的話,隔年就可以調降保額;一般可以繳費到 84 歲,保障到 85 歲。

兼具滿期保險金和身故保險金特色的「生死合險」

Ⓠ 市場上常常會報導熱銷的儲蓄險,這也是必備的保險選項嗎?

Ⓐ 嚴格來講,儲蓄險並不算是保險公司的商品類別,在保險法中也沒有儲蓄險的定義。人壽保險可分為生存保險、死亡保險和生死合險三種,簡述如下:

☆ 生存保險

這是因為擔心活得太老,卻沒有足夠多的錢賴以為生,所以想把老了沒錢過活的風險轉嫁給保險公司。保戶會付出一筆保費(可能是分期或躉繳),當被保險人活到某個年齡時,保險公司將依約給付一筆保險金以供老年使用,這個險種,就是生存保險。要注意的是,既然是約定以被保險人「生存」為給付條件,那麼在契約期間內,被保險人如果就先過世的話,保險公司並不會給付保險金。

☆ 死亡保險

相較於生存保險是擔心活得太老；死亡保險則是擔心死得太早。死亡保險就是一般我們常見的壽險保單，保險公司會跟要保人約定好在一段期間內（可能是定期或終身），如果被保險人不幸死亡，保險公司將給付一筆保險金（保額）給受益人。既然是約定以被保險人「死亡」為給付條件，那麼在契約期間內，被保險人仍完好生存時，保險公司也不會給付保險金。

☆ 生死合險

顧名思義，就是結合生存保險和死亡保險的兩種特性。保險公司會跟要保人約定好在保險期間屆滿後，被保險人如果仍然完好生存，便會獲得保險給付；在保險期間內，被保險人如果不幸身故，也會獲得保險給付。

這是一種兼顧了生存（自己有錢領）與死亡（家人領理賠金）保障的險種，這也是大多數儲蓄險的特質。在實務中，只要保險商品包含有儲蓄性質，或者在被保險人生存時可領到保險金的，就可稱為儲蓄險。因此，像是壽險、養老險或年金險，就常常會被稱為儲蓄險。

由於生死合險的特色是兼有滿期保險金（給被保險人）和身故保險金（給受益人），等於是用一張壽險同時照顧自己與家人，一舉兩得，因此頗受市場歡迎。但也因為它兼顧了儲蓄與死亡保障的好處，保費就比較高。

解析生死合險（儲蓄險），其實就是「儲蓄性質比較高，但是壽險保障相對較低」的保險商品。因此，如果你是以「保障」為出發點，生死合險就不會是一個較佳的選項了。

險　種	說明	受益人	保險商品
生存保險	保戶付出一筆保費（可能是分期或躉繳），當被保險人活到某個年齡時，保險公司將依約給付一筆保險金以供老年使用	被保險人	利變型年金、無死亡保險的儲蓄險
死亡保險	就是常見的壽險保單，保險公司會跟要保人約定好在一段期間內（定期或終身），如果被保險人不幸死亡，保險公司將給付一筆保險金（保額）給受益人	指定的受益人	定期壽險、終身壽險
生死合險	結合生存保險和死亡保險的兩種特性，保險公司會跟要保人約定好在保險期間屆滿後，被保險人如果完好生存便會獲得保險給付；在保險期間內，被保險人若不幸身故，也會獲得保險給付	被保險人或受益人	養老險、還本型儲蓄險、增額還本壽險

課後心得
重點整理

生病住院、病房升等，醫療險有賠嗎？良好的醫療險要有這些點！

臺灣的健保獨步全球，看病、住院很便宜，但你知道嗎？有鑒於健保費率提高、自費項目增加的趨勢，未來生病成本也將愈來愈高！擔心健保保障愈來愈陽春？趁著年輕規劃健康醫療險，基本醫療保障趕快買起來，以便老來享受更好的醫療品質！

單元重點

· 人人有健保，還需要保醫療險嗎？

· 醫療險該買定期還是終身？

· 實支實付跟定額給付（包括日額給付）有什麼差別？

· 是該投保重大傷病險，還是重大疾病險？

· 住院醫療險的保額怎麼算？

人人有健保，還需要保醫療險嗎？

Q 我們已經有全民健保了，還有需要投保醫療險嗎？

A 我們有健保制度，在生病就醫時，只要付一、二百元的掛號費，就可以享受很好的醫療品質，相較於歐美等先進國家高昂的就醫成本，的確節省不少的醫療費用

然而近年來，隨著健保虧損幅度的擴大，除了健保費率調漲已是勢在必行之外，萬一健保黑洞補不起來，更令人擔心的，可能是健保會不會愈變愈陽春？之後看病時，自付額度將會變多？大部分的項目都得要我們自費？此外，隨著醫療技術的日新月異，民眾想要享用高醫療品質的同時，勢必也得要負擔更高的醫療費用。比方說，新的手術治療方式達文西機械手臂、海扶刀（HIFU）超音波聚焦治療或是治療癌症的標靶藥物、醫師特別指定的藥物等，都不在目前健保給付的範圍之內。此外，大醫院健保病房通常一床難求，若

選擇雙人房、單人房，病房差額每天在 2000 元～ 2 萬元不等，這些都得自費。因此，不幸罹病之後，想要得到更好的醫療品質及照護，光靠健保給付一定不夠，必須自付龐大差額。

　　在這種趨勢之下，是不是也該為我們老來需要更多醫療資源時，未雨綢繆？而最實際也最有效益的做法，就是趁年輕的時候投保醫療險，可以在未來降低龐大醫療費負擔的可能性。

● 部分負擔：包括門診基本部分負擔、住院部分負擔、門診藥品部分負擔等。
● 自付差額：健保局已有給付提供的材料，但患者自己想使用更好的材料時，就必須多付這中間的差額。

《全民健康保險法》第 51 條明定不給付項目：
❶ 依其他法令應由各級政府負擔費用之醫療服務項目。
❷ 預防接種及其他由各級政府負擔費用之醫療服務項目。
❸ 藥癮治療、美容外科手術、非外傷治療性齒列矯正、預防性手術、人工協助生殖技術、變性手術。
❹ 成藥、醫師藥師藥劑生指示藥品。
❺ 指定醫師、特別護士及護理師。
❻ 血液。但因緊急傷病經醫師診斷認為必要之輸血，不在此限。
❼ 人體試驗。
❽ 日間住院。但精神病照護，不在此限。
❾ 管灌飲食以外之膳食、病房費差額。
❿ 病人交通、掛號、證明文件。
⓫ 義齒、義眼、眼鏡、助聽器、輪椅、拐杖及其他非具積極治療性之裝具。
⓬ 其他由保險人擬訂，經健保會審議，報主管機關核定公告之診療服務及藥物。

 貼心小提醒：

• 自健保開辦以來，民眾雖然獲得最基礎的醫療照顧，但是仍有必須「部分負擔」的項目，以及健保不給付的部分，比方說醫師指示用藥、病房費差額、較具積極治療性醫療行為所必須之材料等。如果能夠及早規劃醫療險，就能避免將來因為龐大的醫療費而拖垮了全家經濟！

Q 那麼醫療險可以提供給我們那些保障？解決我們那些問題呢？

A 人吃五穀雜糧，總是會有大大小小的病痛產生，而因為這些病痛所衍生出的醫療費用，或者是因為生病所導致不能工作沒有收入的風險，都希望可以將風險轉嫁出去。因此，醫療保險的目的就在於，可以補貼當被保險人「不健康」時所導致的損失——保險公司會因疾病、意外及其所導致殘廢或死亡給付保險金額。

然而實務上，會造成不健康的原因，除了疾病之外，主要就是意外傷害事故；而因「不健康」導致較為嚴重的情形，例如失能、需要長期照護，以及需要更多醫療資源治療的重大疾病等，也都是屬於健康險。

所謂的健康保險，俗稱醫療險，是在保險契約有效期間內，因為「疾病」或「傷害」使得被保險人產生下列兩種「經濟」上的損失，保險公司按照契約條款，給付保險理賠金，以彌補其經濟損失的保險。

會有哪兩種經濟上的損失呢？首先，是由於疾病或傷害導致需要就醫，衍生出住院、手術、看護、藥物及各項雜費的開銷；其次，是由於疾病或傷害導致被保險人失去工作能力，因而造成收入短少的損失。為什麼要強調「經濟」上的損失呢？因為「非經濟」的損失，例如被保險人的身心俱疲、痛徹心肺、輾轉難眠等形容詞，除非可以評估、量化，要不然，保險公司是沒有辦法賠償的。

因此，概括來說，一般健康險種所能提供的保障有：住院醫療險、傷害險、重大疾病險、重大傷病險、癌症險、失能險、長期照護險、殘障扶助險等。

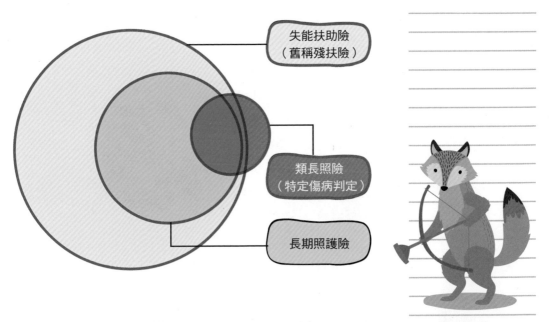

項目	失能險	長照險	類長照險
理賠定義	依失能等級表理賠，共計 11 級 79 項	依失能及失智狀態來判定	依特定傷病判定，保單列出的疾病有哪些，只要確診了就理賠
給付項目	一次性給付（符合 1～11 級失能）＋分期保險金（符合 1～6 級失能）	一次性給付＋分期保險金	一次性給付＋分期保險金
優點	• 理賠標準明確 • 無須每年複檢 • 保費較便宜	保障正常老化形成的失能、失智	• 疾病範圍明確 • 無須每年複檢
缺點	不保障正常老化的體況	• 保費較貴 • 認定標準嚴格 • 每年須提供一次醫師診斷證明	不保障非由疾病導致的長照需求

　　生病需要住院時，住院醫療費用的保險給付，又可分為「實支實付」或「定額給付」。

　　另外，現代人聞之色變的癌症，保險公司也有提供癌症險專為不幸罹患癌症者，需要長期治療、照護所衍生鉅額醫療費用的補貼。給付項目有：初次罹患癌症保險金、癌症

住院醫療保險金（每日）、癌症手術醫療保險金、癌症出院補償保險金（每日）、癌症化學或放射線治療門診醫療（每次）、癌症死亡保險金等。

除了癌症需要跟病魔長期抗戰之外，重大疾病／重大傷病也會對於家庭帶來很大的經濟衝擊，大多數保險公司提供保障的涵蓋範圍有：心肌梗塞、冠狀動脈繞道手術、腦中風、慢性腎衰竭（尿毒症）、癌症、癱瘓、重大器官移植手術等。而現代人因為壓力過大，衍生出精神相關的疾病，也有適當的健康險可以投保，降低傷病所帶來的經濟負擔。

再者，如果因為疾病或意外造成失能，也可以由保險公司給付部分補助。而保險公司關於失能的定義約有以下這三種：

①無法從事任何具收益性之工作；
②無法從事原有之工作；
③無法從事適合其教育、訓練及經驗之任何工作。

其中以第③項的定義較為客觀與合理。

以下，我們把健康醫療險可以提供給我們的保障，以及可能負擔的保費高低，列表供讀者們參考。

表一：常見健康醫療險種及相關特色

險種	保障期間	給付方式	保險費用
終身醫療險	終身或達給付上限	定額給付	高
定額給付型醫療險	定期或達給付上限	定額給付	中
限額給付型醫療險	定期或達給付上限	定額給付或以收據實支實付	低
傷害險	定期或達給付上限	依殘廢等級定額給付	低
傷害住院醫療險	定期或達給付上限	定額給付	低
傷害限額醫療險	定期或達給付上限	依收據實支實付	低
終身癌症醫療險	終身或達給付上限	定額給付	高
定期癌症醫療險	定期或達給付上限	定額給付	低

- 根據衛生福利部統計處的資料，因精神疾病而就診的人數逐年增加，2020年精神疾病患者門、住診合計（包括急診）人數就有將近 290 萬人。由於精神疾病治療期間漫長，期間要付出的心力與金錢往往讓人無法負荷。
- 因應這個趨勢，新一代健保型重大傷病險就將精神疾病納入，其保障範圍除了涵括 22 項重大傷病外，更是現今唯一有明確提供「慢性精神病」保障的險種。保戶就醫的診斷書只要吻合全民健康保險重大傷病範圍所訂的慢性精神病規定，經由醫師開立完成並取得「重大傷病證明」後，即符合重大傷病險的理賠資格。
- 取得重大傷病證明且投保了重大傷病險的保戶，除了可免除健保的自行部分負擔醫療費用，保險公司也會一次性給付理賠金（實際狀況仍需視保單條款內容而定），幫助保戶緩解經濟壓力。

 貼心小提醒：

- 現代人因為生活壓力大，長期性地飲食和作息不正常、缺乏放鬆等因素，可能出現自律神經失調甚至是精神疾病。有些朋友因為擔心去掛身心科會留下就醫紀錄，影響投保，所以遲遲不去看醫生，導致心理壓力更大且症狀無法獲得緩解。
- 有相關疑慮的讀者朋友，建議您先釐清投保項目的要保書上，是否要求保戶必須主動告知本身是否有精神官能症或精神病；如果有，建議您還是以誠實為上策，避免後續產生爭議（以憂鬱症為例，若保戶未誠實告知過去病史，投保後卻因憂鬱症住院，那麼保險公司是可以拒絕理賠的）。
- 另外，保單通常會有所謂的等待期，在投保之後一個月被診斷出來的疾病，保險公司才會理賠，這段期間若需要就醫，就必須留意這一點！

常見心理疾病分類

心理疾病	功能性心理疾病	精神病	思考障礙	❶ 妄想症 ❷短暫精神病 ❸ 類思覺失調症 ❹思覺失調症
			雙相情緒障礙	❶第一型雙相情緒障礙症 ❷第二型雙相情緒障礙症
		精神官能症	憂鬱症	❶侵擾性情緒失調症 ❷ 鬱症（憂鬱症） ❸持續性憂鬱症（輕鬱症）
			焦慮症	❶特定畏懼症 ❷社交焦慮症 ❸恐慌症 ❹特定場所畏懼症 ❺廣泛性焦慮症 ❻強迫症 ❼創傷後壓力症 ❽急性壓力症 ❾適應障礙症
			解離及身體障礙	❶解離性失憶症 ❷解離性身分障礙症 ❸失自我感障礙症 ❹身體症狀障礙症 ❺罹病焦慮症 ❻轉化症
			飲食障礙	❶厭食症 ❷暴食症

資料來源：參考衛福部心理健康司「認識精神疾病」

（＊本表格僅為概念，不包含所有精神疾病。）

醫療險該買定期還是終身？

Q 醫療險保障期間有分成終身還有定期，那麼我們應該要如何規劃呢？

A 由表一可得知，同樣的醫療照護功能，我們可依預算、保障期間、給付方式來選擇一張適合自己的保單。但是衍生出來的第一個問題是：該選擇終身醫療險還是定期醫療險？

翻開各大保險公司的官方網頁，或者回憶保險業務員在向你招手規劃醫療險時，那琳瑯滿目的險種，加上穿插其間的醫療病名、手術方式，是不是就讓你暈頭轉向了？再加上終身或是定期的排列組合，肯定讓你還沒有投保醫療險之前，選擇性障礙病狀立即上身！接下來我們就化繁為簡，把規劃醫療險的步驟，先單純地化成三句口訣：「先保大、再保小」、「先定期、再終身」以及「愈早投保愈好」。詳細說明如下：

☆ 先保大、再保小

年少不養生、老來養醫生。若不是我們有良好的健保制度，就不會有出現「逛醫院」這個名詞；大型醫院的美食街，肯定也不會門庭若市。但是醫療費用與日俱增已是事實的情況之下，該如何有效益的投保醫療險？

這當中，關於身故、失能、重病、癌症等，這些眾所周知，且完全不可逆的人生重大變故，任何一項發生了，肯定會對個人或家庭的財務面向具有高度衝擊的事故，理當優先考量、規劃。至於其他相對較小的病症，也許是門診手術就可以解決，也或許是住院幾天就可以回家調養、進而康復的小病痛，就可以留待經濟較為寬裕時，再來接續投保。

☆ 先定期、再終身

想要買好、買滿相對應的險種，轉嫁前述這些重大的事故、

疾病產生時所衍生龐大的醫療費用，那麼就得先支付為數不少的保費；更何況，保費高低也與保障期間成正比。因此，在預算相對有限的情況下，建議先以「定期險」為主，把目前的保障先落實了，再考慮長久之計。

☆ 愈早投保愈好

瀏覽各家保險公司的醫療險商品之後，可以發現，很多醫療險商品的最高投保年齡，都已經開放到 60 歲以上；即便如此，到了 60 歲再來投保醫療險，會發現這時候大多數人的身體狀況都不會太好，如果身體已經有某些狀況，甚至是打算帶病投保，就可能會發生增加保費、除外責任或拒保等三種情形。因此，實務上還是會建議，盡早趁身體還健康的狀態下，投保醫療險，可以把保障的效益發揮到最大。

表二：定期醫療險 vs. 終身醫療險

醫療險種類	定期醫療險	終身醫療險
保障期限	一年一約，但續保年齡有上限；當保單終止後，需依體況重新投保	保障終身
繳費期間	契約有效期間每年皆須繳費，直到最高續保年齡	限期繳費（通常為 10～20 年）
保費負擔	保費較低，每年續保時，會隨著年齡提高保費（自然費率）	保費較高，在繳費期間的保費皆為固定（平準費率）
保險給付	有「定額給付」和「實支實付」兩種	多以「定額給付」為主
適合族群	預算不多，需要有基本保障的人；剛出社會的小資族或單身族	預算充足，希望擁有終身醫療資源者；家庭經濟支柱；或現金流穩定者

資料來源：各大保險公司，本書作者整理

實支實付跟定額給付（包括日額給付）有什麼差別？

Q 醫療險的保險給付還有「實支實付」和「定額給付」這兩種，是有什麼差別嗎？我們又應該怎麼選擇呢？

A 在決定如何選擇「實支實付」或者「定額給付」之前，我們先來看看這兩者的差別：

☆ 實支實付

實支實付的保障範圍為住院、手術與雜費。也就是實支實付醫療險，是針對全民健康保險不予給付的自費項目，主要有三大類：每日病房費（與健保病房的差額）、手術費、住院醫療費（俗稱雜費）——在符合條款下，保險公司會按照保戶所提供的醫療收據，「在限額內」實報實銷。這當中又以雜費最為重要，因為大多數住院病患，會有高額的自費藥材及耗材，這部分的費用也相當可觀，保戶就得要從雜費中申請理賠以彌補鉅額支出。

☆ 定額給付

定額給付的保障範圍則為住院與手術。也就是說，定額給付」是指，不管保戶這次的醫療行為實際上花了多少錢，都只理賠固定金額。通常保單條款上還定有最高給付日數的限制。

除了上述簡單的定義之外，讀者們還得注意理賠條款上的一些玄機。

根據各大保險公司常見的實支實付保單條款中，在雜費理賠原則，還區分為「列舉式條款」以及「概括式條款」兩種。

列舉式條款可說是「正面表列」──只要不在保單條款列出的理賠項目中，就不予理賠；因此，這類的保單就較不利於保戶。而概括式條款可說是「負面表列」──是指保險公司會將不理賠的項目列出，其餘皆會理賠；這種理賠範圍較大，對保戶也較為有利。

一個簡單的分辨要領是，在實支實付保單條款中（可以參考「住院醫療費用保險單示範條款（實支實付型）」），關於住院醫療費用保險金之給付，如果出現**「超過全民健康保險給付之住院醫療費用」**這句話，就是概括式條款了。讀者們可以注意是否有這串關鍵句，如果有再來投保，可以提高自己的保障！

實支實付保單條款雜費理賠原則

	列舉式條款	概括式條款
概念	正面條列	負面條列
承保風險	只承保特定的風險	大部分風險都有承保，但少部分風險會在約定條款中註明「除外」
舉證責任	被保險人或受益人須舉證保險事故發生原因是否在保單承保範圍內	被保險人或受益人只要證明保險事故確實發生
保費	較低	較高

重點

- 列舉式：列舉保障範圍；有列出來的就理賠，沒列出來的就不賠
- 概括式：列舉「不保事項」；有列出來的不理賠，沒列出來的就賠

另外，實支實付醫療險的理賠方式，還可分成「限正本理賠」與「可副本理賠」兩種。

所謂可接受副本理賠的做法，就是保戶先拿醫療收據正本，向第一家「限正本理賠」的保險公司申請理賠，接著再用收據的副本，向第二家甚至於第三家「可副本理賠」的保險公司申請理賠。由於一份收據，竟然可以有兩家以上的保險公司給付理賠金，因此，就會有所謂「生病賺錢」的說法了。但是，主管機關也注意到這種投機做法，自 2019 年 11 月 8 日起，每人最多只能購買三張實支實付型保單，但是醫療險與意外險（即傷害險）可以分開計算。

簡單地說，就是只能擁有包含一張正本理賠以及二張副本理賠的保單；具體的說法就是，每人可以買三張醫療險與三張意外醫療險。至於在新規定上路前，就已經投保三張以上實支實付型醫療險的人，並不會被溯及既往。

案例

班傑明同時投保了 A、B 兩家保險公司的醫療險。

假設班傑明有一天發生車禍必須住院開刀治療，共住院五天，每日的住院費用要 1500 元，雜費開支 7 萬元，手術費 4 萬 5000 元，總花費 12 萬 2500 元。

	A 保險公司	B 保險公司
實支實付醫療險保障內容	病房費 1000 元 / 日 住院雜費 80,000 元 手術費 150,000 元	病房費 1000 元 / 日 住院雜費 65,000 元 手術費 70,000
住院日額給付保障內容	1000 元 / 每日住院	1000 元 / 每日住院

如果 A、B 的保單條款都有限制要「正本理賠」的話，那麼班傑明就只能申請一家實支實付理賠，另一家用住院天數的日額給付理賠。

如果買的這兩家醫療險中，其中一家的保單約定可以用副本申請理賠，那麼，班傑明可以同時向 A、B 兩家申請實支實付理賠（一家使用醫療收據正本，另一家使用醫療收據副本）。

須持醫療收據正本或醫療收據副本的規定，會讓理賠金額差多少？

理賠金額	B 保險公司 醫療實支實付 （須收據正本）	B 保險公司 醫療實支實付 （可收據副本）
A 保險 公司 醫療實支實付 （須收據正本）	A、B 都只認收據正本 A（持收據正本） 1000×5 + 70,000 + 45,000=120,000 元 B（持醫師診斷證明） 1000×5 = 5,000 元 理賠金額總共是 120,000 + 5,000=125,000 元	A（持收據正本） 1000×5 + 70,000 + 45,000=120,000 元 B（持收據副本） 1000×5 + 65,000 + 45,000=115,000 元 理賠金額總共是 120,000 + 115,000=235,000 元
A 保險 公司 醫療實支實付 （可收據副本）	A（持收據副本） 1000×5 + 70,000 + 45,000=120,000 元 B（持收據正本） 1000×5 + 65,000 + 45,000=115,000 元 理賠總金額是 120,000 + 115,000=235,000 元	A（持收據副本或正本） 1000×5 + 70,000 + 45,000=120,000 元 B（持收據副本） 1000×5 + 65,000 + 45,000=115,000 元 理賠總金額是 120,000+ 115,000=235,000 元

重點

- 購買第二家醫療險時，以可以用副本收據申請理賠的商品為主！
- 收據正本、副本要用來跟哪一家申請理賠？保單保障內容高、理賠金額較高的，就用正本申請，理賠金額較低的就用副本！

　　根據以上的說明，如果是生小病，則定額給付型的理賠金會高於實支實付型；但如果生的是大病，則實支實付型的保單理賠金較多、理賠範圍也較廣。既然保險的核心價值，就在於「花最少的錢，獲得最高的保障」以及「損害填補」，那麼把握住這兩個基本原則，就很容易決定，在健保新制實施後，健保給付的住院天數下降、「門診」手術增加，自費項目愈來愈多，自費醫療負擔日益沉重的趨勢下，自然應該優先選擇「實支實付型」保單較好。

 貼心小提醒：

- 醫療院所開立的收據，僅有一份為正本，其餘皆為副本。副本須蓋上「醫院章」和「與正本相符」的章，才能用以申請保險給付。
- 診斷證明書沒有副本，不能自行影印後去醫院加蓋「與正本相符」的章，如果需要一份以上的診斷證明書，必須請醫生額外開立！

是該投保重大傷病險，還是重大疾病險？

Q 只要投保實支實付醫療險，就已經足夠了嗎？

A 實支實付醫療險，雖然可以讓我們轉嫁許多醫療費用支出，但如果罹患嚴重的疾病，很有可能發生既有的保單沒有辦法完全覆蓋新種藥物、新的治療方式所衍生的鉅額費用，如此一來，還是會有出現理賠上缺口的風險。

因此，在醫療科技日新月異、重疾費用可能提高的情況之下，比較好的做法，是另外規劃「重大疾病」類的保險，因為這類型的保險商品，理賠金的給付方式，多半都是在符合保單條款上的傷病確診之後，就一次性給付大筆金額，讓保戶自行運用。

除了傳統的重大疾病險之外，近年比較熱門的，要算是對應健保重大傷病卡的重大傷病險。原有的重大疾病險，是保障傳統的七項重大疾病（有癌症、急性心肌梗塞、冠狀動脈繞道手術、腦中風、慢性腎衰竭、癱瘓、重大器官移植手術等七項重大疾病），不過必須符合條款規定才可以理賠，往往容易在保戶與保險公司之間產生爭議。但是，重大傷病險的特色，是只要被健保局認定並取得重大傷病卡之後，保險公司就會理賠，較不容易出現理賠糾紛。

關於如何規劃「重大疾病險」與「重大傷病險」的細節，我們會在〈第3天第2小時〉有著進一步的說明。

住院醫療險的保額怎麼算？

Q **各種醫療險的險種，我們已經有了概念之後，關於住院醫療險的保額應該怎麼算呢？**

A 在投保醫療險時，大家經常都會看到保險建議書上寫著：「計劃一」、「二單位」等名詞，常常會有讀者搞不清楚這些名詞代表什麼意思？我的保障（理賠）又該怎麼算？跟我要繳的保費又有什麼關係？我們現在就簡單的說明一下。

☆ 計劃（單位）

這是保險公司在理賠時的計算基礎。如果是計劃二，代表買了兩個單位。一旦符合保單的理賠條款，就會按照相對應的倍數相乘得出理賠金額。

例如日額型醫療險計劃二（2 單位），如果該保險公司的每單位定義是 500 元（1 單位＝ 500 元／日額），那麼 2 單位就是 1000 元。如果住院五天，理賠金就是

住院 5 天＝ 1000 元／天 × 5 天＝ 5000 元

而理賠金愈高，可預期的保險費就會愈高。

至於住院醫療險的保額應該多少才夠？這部分會跟目前的薪資水準有關。

一般在計算住院醫療險的保額需要多少比較恰當的時候，會考慮：

❶ 住院病房差額（是要改住兩人房還是單人房？）

❷ 是否需要請看護？

❸ 住院一天，沒有工作因而減少、損失的工資是多少？

如果一位薪資 6 萬的上班族（所以日薪是 2000 元），預期在需要住院的情況之下，想要改住頭等病房，預期需要自費增加 3000 元；因為沒有家人可以陪同照顧，需要請看護，每天費用預估是 2000 元。那麼這位上班族住院醫療險的保額就會是：

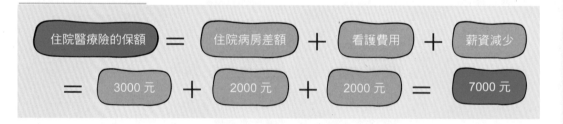

每個人的自身條件不同，對於醫療險規格的需求自是不同。建議讀者應該要依照性別、年齡、職業、家庭及財務預算等各種層面綜合評估，逐步調整，才能買到符合各階段需求的醫療險，發揮最高的保障效益。

課後心得
重點整理

車禍胸腔受傷不幸往生，意外險竟然不賠？這些狀況要搞清楚，以免花了冤枉錢！

想轉嫁「意外」造成的風險、申請理賠要注意三個關鍵：「外來」、「突發」、「非由疾病」；買足意外險，生活中的防護網又多了一層！

- 意外險賠不賠　先看因果關係
- 有壽險跟醫療險了，還要投保意外險嗎？
- 年紀愈大，愈容易受傷，所以投保意外險的保費也最貴？
- 轉職、兼職，職業類別不同，需要通報保險公司
- 意外險怎麼保？保費怎麼算較好？
- 國內外旅遊必保旅平險，這些要點不能漏

意外險賠不賠，先看因果關係

Q 買了意外險，就像有了護身符，可以毫無顧忌地從事任何活動嗎？

A 常常聽到有人會問熱衷於冒險犯難的人一句話：你是買了多少保險啊？似乎買了保險，就可以「肆無忌憚」地只要我喜歡，有什麼不可以！但是，有買保險，就真的可以「為所欲為」嗎？

　　很多人常被勸說，要買意外險以規避可能的風險。這是正確的觀念，但是，在投保意外險之前，大家真的都瞭解意外險承保的內容嗎？當意外事故找上我們、也造成各種傷害或損失時，意外險絕對會賠付嗎？

　　所謂的意外險，正式名稱其實叫作「傷害保險」，又稱為「傷害險」。投保之後，一旦被保險人在保單有效期間內，因為「意外傷害事故」造成身體受到傷害，並因此而失能或死亡時，保險公司就必須依照意外險的契約條款，給付「失能保險金」或「身故保險金」(或「喪葬費用保險金」)。如果意外險保單還附加有「傷害醫療保險」時，當被保險人因為意外傷害事故後就醫接受治療，就可以再跟保險公司申請給付「意外傷害醫療保險金」。但重點是，所謂的意外傷害事故中的「意外」，包含了三個關鍵：「外來、突發、非由疾病」。我們來看一下這三個關鍵名詞，關鍵點到底在哪裡？因為它將牽涉到保險公司是否會理賠？理賠金又是多少？

⭐ 外來：
這是指該意外事件來自身體以外；

⭐ 突發：
從字面上解讀，就是指突然發生、毫無預警、無法事先預防；

⭐ 非由疾病：
就是意外的肇因，把疾病排除在外；如果被保險人是由疾病所害，就不能夠算是意外。

　　「意外」的定義如此仔細，因此，買了意外險發生事故之後，並不一定都會獲得理賠金；保戶跟保險公司之間的理賠糾紛，往往就是因此認定差異而來。

意外險的理賠原則

外來	外在因素造成的事件
突發	忽然發生的，無法事先預料的事件
非由疾病	事件發生的主因不是因為疾病

Q 那麼，意外險主要是理賠哪些項目呢？

A 意外險既然是以意外為前提，那麼最基本、最沒有爭議的，就是「死亡」與「失能」兩種情況；也就是當發生「意外身故」和各級「意外失能」時，可以從保險公司獲取理賠保險金。

另外，有些保險公司還會提供特定事故加碼理賠的套餐，例如搭乘大眾運輸工具（公車、捷運、飛機或船舶等）而罹難時，保險理賠金會按照原有保額加成給付。若遭逢意外，沒有嚴重到「死亡」與「失能」時，因為意外受傷就醫所衍生的醫療費用，例如病房費、醫療雜費等，也是保險公司常見的理賠項目；至於理賠的方式，或是採取實支實付，或是定額理賠的方式，都有得選。而醫療輔具的支出、出院慰問金給付等理賠項目，則不是每家保險公司都有，在投保時，建議須細看保單條款。

如果這張意外險保單是跟產險公司投保，那麼這張保單可能還會提供跟「財產損失」有關的保障，例如，「個人過失責任」。

通常在產險公司的意外險和旅平險裡頭，會出現「個人責任保險」的保障項目，這一個項目，可以緩解我們一不小心毀壞別人物品時，必須賠償的心痛程度，比方說孩子調皮搗蛋，在逛街時毀了商家櫥窗或在博物館破壞藝術品；吃火鍋不小心被熱湯淋到燙傷；自家的毛小孩嚇到人、咬傷人，只要符合保單條款，便可由保險公司代為理賠。這在保單條款上，也會稱為「過失責任」或「法律責任金」。然而，這並不是每家保險公司都會有的產品，理賠條件也不全然相同，如果讀者朋友們需要時，再選配即可。

個人責任險

個人責任險是在被保險人過失而發生意外事故，並造成第三人體傷、死亡或第三人財物損失，必須要負賠償責任時，由保險公司負擔部分的理賠責任。

　　意外險理賠案件，向來是爭議最多的一個環節，知道保險公司可以理賠哪些項目（就是可以幫你解決哪些面向），再考量這些面向是不是我們所需要的？這樣的保險花費也才值得。

　　根據金融消費評議中心的評議書等資料顯示，之所以會有理賠糾紛，往往是在事件發生因果關係的認知上，讓保戶跟保險公司有了認知歧異；特別是在疾病和意外同時（或者很難分清楚先後順序）出現時，保險公司就會仔細審視其中的因果順序，判斷哪個才是主力近因。例如年長者車禍導致胸腔受創，住院數天後，併發後續疾病導致不幸身亡，是否符合意外險的理賠條件？就需要借助專家判斷了。

 貼心小提醒：

意外險保單通常會有「除外責任」及「不保事項」的條款，就算保戶發生的意外符合意外傷害的定義，但發生事故的原因或事項，如果被列在除外責任及不保事項條款內（例如酒駕傷人、賽馬比賽時受傷），那麼保險公司還是可以拒賠的！

傷害保險單示範條款第七條

除外責任	被保險人因下列原因致成死亡、失能或傷害時，本公司不負給付保險金的責任： ①要保人、被保險人的故意行為。 ②被保險人犯罪行為。 ③被保險人飲酒後駕（騎）車，其吐氣或血液所含酒精成份超過道路交通法令規定標準者。 ④戰爭（不論宣戰與否）、內亂及其他類似的武裝變亂。但契約另有約定者不在此限。 ⑤因原子或核子能裝置所引起的爆炸、灼熱、輻射或污染。但契約另有約定者不在此限。 ⑥前項第一款情形（除被保險人的故意行為外），致被保險人傷害或失能時，本公司仍給付保險金。

傷害保險單示範條款第八條

不保事項	被保險人從事下列活動，致成死亡、失能或傷害時，除契約另有約定外，本公司不負給付保險金的責任： ①被保險人從事角力、摔跤、柔道、空手道、跆拳道、馬術、拳擊、特技表演等的競賽或表演。 ②被保險人從事汽車、機車及自由車等的競賽或表演。

有壽險跟醫療險了，還要投保意外險嗎？

Ｑ 意外險理賠的項目中有關於死亡，也有關於醫療，但我們已經有壽險跟醫療險了，還有必要花錢再投保意外險嗎？

Ａ 這也是很多人都有的疑問。

由於意外險的理賠是以發生意外為前提，因此，在前面的定義當中，我們也特別強調意外險是不能夠理賠因為疾病所導致的醫療支出；所以，關於生病所衍生的花費，就還是得依賴住院醫療險、重大疾病險或重大傷病險之類的保單來轉嫁風險。唯有把「疾病」和「意外」的風險都妥善規劃好，人生才沒有隱憂。

再者，如果不是因為意外死亡，而是因為疾病死亡的話，意外險也不會理賠。換句話說，一個人去世了，壽險是肯定可以理賠的；但是這個人如果不是因為意外，而是「壽

終正寢」的話，那麼「意外身故」這條不成立，自然就收不到這部分的理賠金。

結論就是，意外始終是人生中最擔憂的變數，如果一個人沒有投保意外險，等於全身上下沒有防護措施，就暴露在「危機四伏」（雖然有危機，但發生的機率可能不高）的生活環境中，總是難以令人安心！

至於可能的疾病纏身，或是老化失能、失智需要治療而衍生可觀醫療費用等風險，就必須要靠醫療險、重大疾病／傷病、失能等健康險來保障。所以，這些都是不可或缺的。

年紀愈大愈容易受傷，所以投保意外險的保費也最貴？

Q **意外險的確很重要。不過，老人家好像比較容易受傷，所以他們的保費是不是就愈貴呢？**

A 很多人都會有這刻板印象，認為年紀愈大，似乎愈容易發生意外，意外險的保費也就一定愈貴。

其實，意外傷害險與人壽保險的保費計算方式不同，並不是以被保險人的年齡及性別為費率釐定的標準，而是按被保險人職業的「危險程度」來制定費率；被保險人的職業危險程度愈高者，意外傷害險的保費就愈貴。因此，一個 20 歲和 60 歲的人，如果所從事工作的類型相同（「危險程度」也相同），那麼，這兩人跟同一家保險公司投保意外傷害險的保費負擔就會一樣。

而「職業等級」（又稱「職業類別」）是指每個行業的危險程度。根據主管機關公布的「臺灣地區傷害保險個人職業分類表」，是將職業分成六大類，並訂定不同等級的費率。級數愈高，代表從事該行業的人愈「危險」，保費也較高；級數低則相反，保費較便宜。

按照下表，我們可查找出周遭親朋好友所屬職業的分類屬性。第一類（一般內勤人員、家庭主婦）、第二類（一般外勤人員）、第三類（搬運工人、一般軍人）、第四類（水電工、瓦斯送貨人員）、到危險程度較高的第五類（鷹架架設人員、海水浴場救生員）、第六類（民航機飛行人員、機上服務人員）及拒保類（馬戲團馴獸師、特技人員、跳傘人員）。

職業等級愈高，意外險保費愈高

保費便宜

第一類	家庭主婦、行政人員、祕書、教師、會計師等
第二類	業務、攝影記者、導遊、廚師等
第三類	遊覽車司機、精神科醫護、一般警察、一般軍人等
第四類	水電工、水泥匠、計程車司機、瓦斯運送人員等
第五類	滑雪教練、刑警、鷹架工人、瓦斯分裝人員等
第六類	砂石車司機、救難人員、義消、民航機飛行員、空服員等

保費貴

通常會被拒絕承保的職業	高壓電工程人員、漁船船員、職業潛水夫、特技演員與極限運動選手、特種軍人與警務防爆小組等

資料來源：金管會

　　要提醒讀者的是，各家保險公司在職業的分類方式，是參考保險公會函報版本後再自行決定，所以，很有可能同樣的工作內容，在不同的保險公司卻有著不同的職業分類，當然就會影響到是否會被拒保以及核保之後的費率了。如果遇到這種情形，除了可以直接洽詢各保險公司之外，也可以洽詢保險公會，為自己找到較適合的保單及費率。

職業分類	第1類	第2類	第3類	第4類	第5類	第6類	拒保類
危險程度	★	★★	★★★	★★★★	★★★★★	★★★★★★	★★★★★★★
00 一般職業	內勤人員	外勤人員	—	—	—	—	—
01 農牧業	農場經營者 (不親自作業)	農夫、茶農	果農、檳榔種植	訓犬人員、動物養殖人員	—	—	—
02 漁業	漁塭經營者 (不親自作業)	水族館經營者	補魚人(內陸)	補魚人(沿海)	—	—	—
03 木材森林業	實驗室育苗栽培人員	木材工廠負責人	吊車操作人員	防腐劑工人	木材搬運工人	伐木工人	—
04 礦業採石業	經營者 (不到現場)	現場監督人員	工程師	工礦安全人員	鑽油井工人 (陸上)	鑽油井工人 (海上)	礦工、採石爆破人員
05 交通運輸業	一般內勤人員、櫃臺售票員	站內清潔人員、娃娃車司機	行李貨運搬運工人	跑道維護人員、自用貨車司機	挖土機操作員、鏟牛車駕駛人員	民航機飛行員、機上服務人員	—
06 餐旅業	一般內勤人員	導遊領隊、廚師	技工	水電工、登山嚮導	—	—	—
07 建築工程業	建築師、內勤工作人員	業務員	監工、木匠	工地看守員、油漆工	鷹架架設工人、焊工	隧道工程人員	潛水工作人員、爆破工作人員
08 製造業	負責人 (不需到現場)	包裝工人、品管人員	電氣焊接工、醫療器材裝修工	製造工、冷凍修理工	液化氣體製造工	高壓電工作人員	炸藥業
09 新聞廣告業	一般內勤人員	攝影記者、印刷工	裁紙工人、送報員	—	戶外招牌架設	—	戰地記者
10 衛生保健業	一般醫師、分析員	獸醫、看守所醫生	精神病科醫生、煙毒勒戒所人員	放射線修護人員	—	—	—
11 娛樂業	編劇、化妝師	電視記者、魔術師	酒吧工作人員	燈光架設人員	海水浴場救生員	—	馬戲團馴獸師、特技演員
12 文教機關	教師、學生	校警、教官	汽車駕駛訓練班教練	—	—	—	—
13 宗教團體	算命師	堪輿師	乩童	八家將	—	—	—
14 公共事業	內勤人員	抄錶員、核電廠行政人員	水壩管理人員、自來水管裝修人員	瓦斯器具製造工、下水道清潔工	儲油槽清理人員	核能工作人員	核廢料處理人員
15 一般商業	果菜商(固定攤位)、花卉商	建材商、碾米商	礦物油買賣商、肥料買賣商	瓦斯送貨員	瓦斯分裝工	—	—
16 服務業	理髮師、攝影師	鎖匠、清潔工人	水塔清理人員、保全設備裝設	水電工人	高樓外部清潔工	—	職業潛水夫
17 家庭管理	家庭主婦、褓姆	佣人	—	—	—	—	—
18 治安人員	警務行政內勤、法官書記官	警校教官、警察大學學生	守望相助人員、義警	義交、義消	刑警	海巡人員、空巡人員	防爆小組
19 軍人	志願役行政軍醫院官兵	軍校教官	軍校學生、一般軍人	憲兵	—	—	彈藥製造人員、軍機駕駛
20 資訊業	程式設計師、系統工程師	維護工程師、硬體測試人員	室內管線安裝人員	—	—	—	—
21 職業運動人員	撞球教練	高爾夫球教練	帆船教練	風浪板教練	曲棍球球員	橄欖球球員	跳傘人員

資料來源：公勝保經

至於各類別之間費率的差距如何？我們以金管會訂定「保險業各種準備金提存辦法」第 5 條及第 19 條規定之解釋令中，（三）個人傷害保險之職業分類採用「臺灣地區傷害保險個人職業分類表」之職業分類，其各職業類別與第一職業類別間之費率比得依照下列比例辦理或依照各公司或全業界之實際經驗調整之。

❶ 第二類職業類別之費率比為 1.25。

❷ 第三類職業類別之費率比為 1.5。

❸ 第四類職業類別之費率比為 2.25。

❹ 第五類職業類別之費率比為 3.5。

❺ 第六類職業類別之費率比為 4.5。

這意思是，同一規格的保單，如果第一類的一般內勤人員負擔的保費是 1000 元的話，那麼第二類職業的一般外勤人員負擔的保費就會是 1250（1000×1.25 ＝ 1250）元；如果職業是從事第五類的海水浴場救生員，保費就會被提高到 3500（1000×3.5 ＝ 3500）元。至於伐木工、鑽油井工、機上服務人員等，都屬於第六類職業，保費則會是最高的 4500（1000×4.5 ＝ 4500）元。

轉職、兼職，職業類別變更，需要通報保險公司

Q 意外險的保費跟我所從事的職業有關，那麼如果我轉換職業或兼差，那該怎麼辦呢？

A 既然意外傷害險是以職業類別做為費率計算的基礎，那麼，當被保險人在保險有效期間更換工作時，便很有可能會影響保險公司的危險承擔係數。因此，意外傷害險保單條款就會明白規定，當被保險人變更其職業時，應即時以「書面」

通知保險公司。保險公司收到通知之後，就會按照被保險人變更職業之後，重新評估其所屬的危險性高低，增減收取、或退還未滿期的保險費。

之所以會有增減收取保費的情事，是因為職業等級有可能變高或變低；而所謂「退還未滿期的保險費」，就表示保險公司「拒絕承保」（簡稱「拒保」）。

隨著「職業等級」的風險提高，第五、第六類職業對於保險公司而言，會被稱作「高風險職業」，這類的人，除了意外險的保費會被提高之外，有部分保險商品，保險公司還不賣你；一旦超過第六類就屬於拒保職業。

除了職業等級分類表中的六大類別外，對於從事特別危險的工作者，例如鹽酸製造工、極限運動選手、特種軍人（傘兵、化學兵）與警務防爆小組人員等，會被保險公司歸類為「未承保類」，除非保險公司願意以特殊費率承保，否則就是屬於意外傷害險被拒絕承保的對象。

 貼心小提醒：

有些人在職業等級轉換時，可能因為不想讓保費被調高，所以沒有主動向保險公司通報。那麼，未來想申請理賠時可能會遇到兩種情形：

① **新工作的職業等級增加，理賠金被打折**

　　保險公司會按照「實收保費」與「應收保費」的比例打折理賠。

② **新工作屬於拒保範圍，保險公司拒賠**

　　保險公司無需負擔給付責任。

Q 如果被拒保，不就是沒有保險的保障了嗎？那該怎麼辦呢？

A 上述提到的高風險職業類別，很多人以為他們可能很難進行保險規劃；事實上，只有意外險的保費會受到職業類別的直接影響，其他的險種，像是壽險跟健康醫療險，高風險職業的工作者仍然能夠正常投保，保險公司是不會拒保的。如果職業等級過高，遭到保險公司拒保的話，建議可以購買壽險搭配健康醫療險中的失能險，來替代意外險。這樣，也可以達到該有的保障效果。

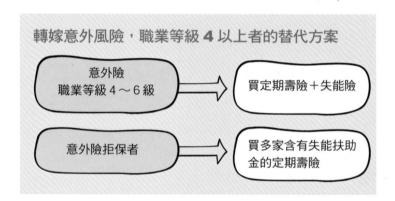

轉嫁意外風險，職業等級 **4** 以上者的替代方案

意外險 職業等級 4～6 級	→	買定期壽險＋失能險
意外險拒保者	→	買多家含有失能扶助金的定期壽險

意外險怎麼保？保費怎麼算較好？

Q 那麼，意外險應該怎麼規劃才好呢？

A 有了前面有關意外險的基本觀念與知識之後，關於意外險怎麼規劃、保額如何估算、保費多少才不會造成負擔等議題，我們可以有以下的建議。

首先，關於意外險應該投保的保額，可以壽險保額的 2 ～ 3 倍作為意外險保額的參考基準。如果想要更精確一點，可以先估算目前自己名下已有的貸款（房貸或車貸）或負債（信用卡未償還的債務）總額，再加上未來若干年（通常可以估算 10 ～ 15 年）自己該負擔多少家庭生活費的金額。這是假設萬一遭逢突如其來的意外，家人可以運用這筆保險理賠金來償還貸款，以及充當家庭若干年的生活費，而不至於讓家庭生活型態改變。

除了意外身故之外，另外一種也會造成家人經濟莫大負擔的，就是意外造成失能無法工作的風險；這時候，可以另外考慮投保意外失能扶助險。

很多人可能會以為，失能是老年人的專利，其實任何人、不分老少都有意外失能的風險。根據衛生福利部的相關調查資料顯示，因為失能而需要照顧的人口，可能在 2026 年就突破 100 萬人；這當中，年輕人、青壯年齡層已經被列為是失能的高風險族群。年輕人有可能是因為意外、車禍等事故引起失能；青壯年齡層則有可能是因為罹患癌症、心血管等重大疾病造成失能；銀髮老年族群的失能因素，則多半是因為疾病所引起。

不管是因為何種因素造成失能，都會給家庭帶來很大的經濟負擔。因此，建議大家趁年輕時就應投保意外失能扶助險，將意外造成的失能經濟風險轉移給保險公司，避免因意外失能導致無法工作之餘，還要再挪出長期照顧的經費，雪上加霜，使生活陷入困境。

	失能險	失能扶助險
概念	保障失能後的風險，理賠條件包括了「疾病、意外」導致的失能	簡稱「失扶險」（原稱殘扶險），也是保障失能後的支出，但著重在後續長期照護支出
給付方式	一次性給付	分次給付（按月或按季給付）
保障期間	定期失能險： • 提供定期（通常是一年期）保障 • 幾乎是附約，須搭配壽險為主約	定期失扶險： • 提供定期（通常是一年期）保障 • 幾乎是附約，須搭配壽險為主約
	終身失能險： • 結合失能險與失扶險 • 提供終身保障 • 保障內容含一次給付的保險金＋分次給付的長期照護支出 • 屬於主約，可單買 ＊目前市售商品只提供定期失能險和定期失扶險，沒有終身失能險	終身失扶險： • 提供終身保障 • 幾乎是主約（可單買）
還本與否	• 有還本型和不還本型 • 還本型：如果沒有發生保險事故，保險公司將以祝壽保險金方式返還保戶 ＊大部分還本型的保險保費比不還本型的保險還要貴，讀者朋友們務必斟酌！	• 有還本型和不還本型 • 還本型：如果沒有發生保險事故，保險公司將以祝壽保險金方式返還保戶 ＊大部分還本型的保險保費比不還本型的保險還要貴，讀者朋友們務必斟酌！
保費計算	按年齡決定投保費率，投保年齡愈小，保費愈便宜，也比較不會被拒保	按年齡決定投保費率，投保年齡愈小，保費愈便宜，也比較不會被拒保
理賠	• 按失能等級給付保險金 • 經認定為失能等級 1 至 11 級的任意一級，並失能超過一定期間，即啟動理賠	• 按失能等級給付保險金 • 經認定為失能等級 1 至 6 級或失能等級 1 至 3 級（依保險公司規定）的任意一級，並失能超過一定期間，才會啟動理賠

針對定期失能險和定期失扶險，有些保險公司會規定主約和附約的比例，例如限制主附約比例為 1：5，即壽險保額需達 100 萬，失能險保額才可達 500 萬。

Ⓠ 那麼意外險應該是跟壽險公司還是產險公司投保呢？

Ⓐ 現在不僅壽險公司有出意外險的保單，其實產險公司也有推出意外險的保單，保險費有時還會比較輕省。兩種保險公司推出的意外險保單其實各有優點，壽險公司推出的意外險保單都是保證續保，不會因為前一年曾經出險，下一年續保會遭到刁難。產險公司雖然採取一年一保，但是同樣的保額收取的保費較為便宜。關於產、壽險公司相類似的商品為何會有價格上的差異？我們會在〈第 3 天第 4 小時〉為讀者們進一步的說明。

如果要兼具產、壽險公司的優點，其實也有方法。

可以先選擇一家涵蓋面廣、額度夠高的產險公司投保意外險，然後再選擇一家能夠保證續保的壽險公司投保意外險，額度可以不用那麼高，這樣保費也就不會太高。一旦不幸發生重大意外，保險公司必須出險，即便產險公司理賠之後，就不再承保，也還有壽險公司的保單可以繼續享有保障。畢竟重大的意外事故，一生中不會遭遇太多次；如果已經失能，也已經領了足夠多的保險理賠金，續保與否、保額高低，就不會顯得那麼重要了。

關於壽險及產險公司推出的意外險保單有哪些異同點，我們擇要做成下頁表格，供讀者們參考。

分類	壽險公司意外險	產險公司意外險
常見理賠內容	身故、失能、意外傷害醫療費用等	理賠內容與壽險公司相同,有些保單會增加幾項跟財產損失有關的保障項目,例如「個人責任保險」
主約或副約	• 意外險多半為附約,需另搭配壽險主約 • 關於意外傷害醫療的保障項目,會以附加條款的方式讓保戶選擇搭售	• 意外險可為主約單獨投保 • 有些意外險包羅萬象,多種保障會包裹在一起銷售
有無保證續保	大多數商品有保證續保,部分商品沒有	沒有保證續保
價格	商品保障內容差不多時,會比產險的意外險略貴一些	商品保障內容差不多時,會比壽險的意外險略便宜一些

國內外旅遊必保旅平險,這些要點不能漏

Q 一般人出國旅遊會投保旅平險,有什麼需要注意的事項嗎?

A 歷經新冠肺炎疫情的肆虐,有很多人已經許久沒有出國了;隨著疫情漸緩、生活秩序逐漸回歸正常,出入境管理預計也會逐漸放寬,相信有很多人已經摩拳擦掌,準備安排一趟海外旅行了吧!這裡要提醒大家,不管是在國內還是國外旅遊,都必須注意在旅途中可能出現的意外,除了讓人很掃興之外,也許還會讓自己的荷包失血、家庭陷入困頓。為了避免這不可控的意外帶來的衝擊,建議出遊前,謹慎挑選適合此次出遊的旅平險。一般旅平險還分為兩大類,一類是大家熟知的旅行平安險;另外一類就是旅行不便險。

　　旅行平安險的範圍較廣,包含了意外、醫療等與「人身安全」相關的內容。只要是在旅程中發生意外事故導致被保

險人受傷、死亡、失能，又或者是在他鄉異地突發疾病導致需要緊急醫療等，都屬於旅行平安險的保障範圍。

旅行不便險的保障範圍，則側重在「物品、財產」相關，像是行程延誤、行李遺失所導致需要額外支付的住宿、交通、衣物重置等費用，都在理賠範圍內。

	保障內容	保險期間	海外緊急救援
旅行平安險	• 意外傷害 • 突發疾病 Ｘ海外突發疾病險停售！	搭乘公共運輸期間 （飛機起降間）	無
旅行不便險	• 班機延誤 • 行李遺失 • 行李失竊 • 行李延誤 • 行李箱損失 • 轉降非原定機場 • 旅程取消 • 劫機 • 食物中毒 • 重要證件及卡片重置 • 信用卡盜刷 • 租車事故 • 行動電話被竊 • 第三人責任險 ……等	海外旅遊期間	有

在選擇投保旅平險時，一定要有基本的「意外身故」、「意外醫療」以及「意外失能」的保障。畢竟在人生地不熟的地方出了事故，可能需要大費周章才能有理想的醫療照護；嚴重者，可能還得出動醫療專機載運回國接受治療。這過程光是用想的，也可以推測所費不貲！如果有足夠的旅平險保障，就可以安心地接受治療了。

其次，再來考量旅行不便險的部分；這部分每一家產險、壽險可以選擇的項目、保額／保費高低、時間限制等都不盡相同，讀者們可以視自己前往國家的文明／現代化程度、出遊時間的長短等因素，個別考量，選擇自己適合的方案投保。

最後要提醒讀者們的是，由於新冠疫情病毒變異的風險難測，原本產險、壽險公司銷售旅平險中會附加的「海外突發疾病險」，在 2022 年 6 月下旬之後已經全面停售。這會造成國人短期出國旅遊將暫時沒有海外突發疾病險可以加保。換句話說，一般的旅平險僅保障在海外因「意外」引起的突發事故，也就是非由疾病所引起的事故，因此，在旅平險中附加海外突發疾病險，這是極有必要的；這是用來轉嫁在海外因為「疾病」所引起，需要治療甚或住院而衍生高額醫療費用的風險。

重點 ➤ 由於疫情風險難測，產險、壽險公司銷售旅平險中附加的「海外突發疾病險」已全面停售，民眾出國暫時沒有海外突發疾病可加保。
萬一在海外因疾病就醫，返臺後可先向健保署申請核退，其餘費用可以本身的商業保險申請理賠。

現在產險、壽險公司為了減輕不可測的疫情所帶來鉅額理賠的負擔，停止銷售海外突發疾病險之後，讀者們出國旅遊前，可以再次檢視自己醫療險的保障內容，是否有住院醫療險的保障？萬一到海外旅遊或工作時，因為疾病而需在當地就醫，記得需向當地的醫療院所申請診斷證明書以及醫療費用收據；返國後，先向健保署申請「自墊醫療費用核退」，待核退後自己墊付的差額，可以再依照原先投保的住院醫療險保單條款，向保險公司申請理賠，讓自己的經濟負擔降到最低。

　　如果未來產險、壽險公司又開放銷售海外突發疾病險，出國時，請別忘了多花少部分的預算，增加這個選項，讓自己旅途中的保障更加完善！

 貼心小提醒：

海外旅遊時，大部分信用卡附贈的旅平險「保障額度」有限，而且是針對搭乘公共交通運輸期間，抵達目的地之後就不在受理範圍內囉！只有少數高階的信用卡才有受理「全程」旅遊期間的保障權益，為了無後顧之憂，建議大家還是考慮一下自費購買旅平險和不便險吧！

投資型保單是讓你進可攻退可守，還是讓你進退失據？

曾經熱賣熱銷的投資型保單，幾乎被標榜成保險的必備款，但也是保險商品中，解約與紛爭排行榜中名列前茅的常客。為什麼會這樣？這當中是有什麼誤會嗎？你的投資型保單也讓你失望了嗎？

- 號稱兼顧保障與投資，但真的是魚與熊掌可以兼得？還是會因此而顧此失彼呢？
- 投資型保單運作三步驟，衍生出三個誤會！
- 投資型保單的「保費」不是固定，「保額」也是變動的
- 投資型保單有「投資」兩字，就有風險，需要盈虧自負！
- 你的「預期報酬」與「實際績效」差很多？調整心態與調整理財工具一樣重要！
- 你繳交的保費，並不是100%都用來投資！
- 投資型保單的效益不如預期？可考慮投資歸投資、保險歸保險

投資型保單號稱兼顧保障與投資，但真的是魚與熊掌可以兼得？還是會因此而顧此失彼呢？

Q 號稱可以兼顧保障與投資的投資型保單，真的是魚與熊掌可以兼得嗎？

A 投資型保單在數年前，的確曾經蔚為一股風潮。許多保險業務員在拚命取得投資型保單證照（正式名稱是「投資型保險商品業務員」）之後，就一躍而起，華麗轉身成為投資專家，開始為投資人指點迷津、架構投資組合，宣稱所推薦的基金可以有多高的報酬率，還可以因此而提高保障，讓保險與投資相得益彰！

可是，真實的情形又是如何？投資型保單果真是如同保險業務員所強調的「神級」商品，是一項可以禁得起在「保障」與「投資」兩個面向、雙重檢驗的保險商品嗎？

我們先來解構這項「神級」商品的本質。

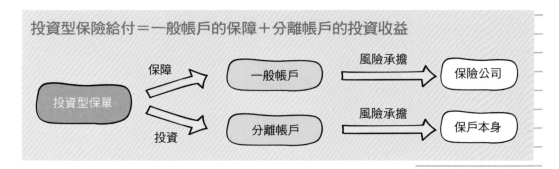

投資型保險給付＝一般帳戶的保障＋分離帳戶的投資收益

投資型保單運作三步驟，衍生出三個誤會

所謂的投資型保單，的確如字面上的意義，就是「投資」加上「保障」；它的運作方式，可以分成三個步驟：

步驟❶
保險公司會將你所繳交的保費先扣除相關費用（主要是行政費用、附加費用，以及保障所需的「危險保費」等，下詳）；

步驟❷
扣除之後「有剩餘」的，才會放入一個「分離帳戶」（這是傳統的保單所沒有的）；

步驟❸
保戶運用在「分離帳戶」的資金，購買你在保險公司所提供的基金平臺上面所指定的基金，因此可以享有全部的投資績效（當然也需要承擔所有風險）。

基於上面的三個步驟，因此會衍生出三個「誤會」：

誤會❶

相關的費用很高，如果你沒有打算長期持有這張保單的話，其實你是在「輸血」給保險公司的。

誤會❷

延續誤會①，當你負擔了較高的費用之後，你的分離帳戶裡面的資金，可能所剩無幾了；相對少的本金，又可以貢獻多少的保單帳戶價值？也就是說，關於投資型保單報酬率的計算，並不是用你的「總繳保費」作為總投入資金去計算報酬率，而是要用「總繳保費扣除保險相關費用」所得金額當作投入資本去計算報酬率的。

誤會❸

想要有比較高的保單帳戶價值，就要有比較好的基金可以挑選。問題是，如果有比較好的基金，基金公司自己賣就好了，還願意付比較高的上架費到保險公司的平台嗎？就算沒有上架費，單一保險公司所提供的基金平台，基金的品項夠多嗎？產品線夠完整嗎？

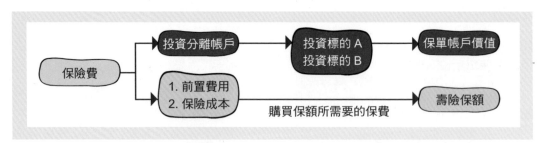

上述的保單保險金額，如同前面章節〈第 1 天第 1 小時〉所講的，就是保險公司按照條件理賠給受益人的金額（通常指身故保險金）。

投資型保單的「保費」不是固定，「保額」是變動的

接下來我們以大多數人會接觸到的「投資型壽險」為例，進一步地解構這項保險商品。投資型壽險又可以概分成三種類型，其間特色是：

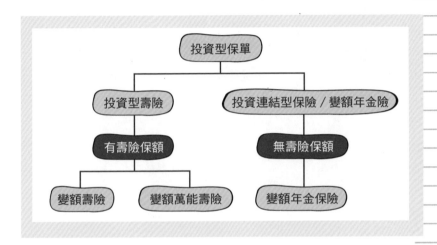

☆ 變額壽險

保費固定，但是保額會改變（會隨著投資績效而改變，所以稱為「變額」）；大多數的投資型保單會有保證最低死亡給付。

☆ 變額萬能壽險

可以「彈性」繳費（跟一般的保單不同的是，每期需要繳交的保費可以都不一樣），至於給付部分（有些保險公司的給付項目，除了身故保險金之外，還有多一項「完全殘廢保險金」，讀者們可以跟保險業務員問清楚），可以分成甲乙兩型。

❶ 甲型：

若保單帳戶價值小於或等於保險金額，則給付保險金額。

若保單帳戶價值大於保險金額，則給付保單帳戶價值加上保險金額的若干百分比（例如 5%）。

❷ 乙型： 保險金額加計保單帳戶價值。

☆ 投資連結型壽險

大部分都是躉繳，而且連結標的也多半都會設定為「結構型債券」。

投資型壽險	變額壽險	固定繳費	通常有保障最低死亡給付	
	變額萬能壽險	彈性繳費	死亡給付為甲型和乙型	
			甲型 保單帳戶價值 ≦ 保險金額，死亡給付＝保險金額 保單帳戶價值 > 保險金額，死亡給付＝保單帳戶價值＋保險金額的若干百分比	乙型 死亡給付金額 ＝保險金額＋ 保單帳戶價值
	投資連結型保險	以躉繳為主	死亡給付金額＝保險金額＋保單帳戶價值	

有這麼多名詞以及條件和但書，是不是有如墜入五里霧當中了？

買投資型保單是在避險，還是在冒險？

🅠 **投資型保單的保費有比較便宜，保障額度也有比較高嗎？**

🅐 當投資型保單在 2000 年左右問世、開始熱銷時，保險業務員宣稱的優勢，又是在哪裡？主要是保費比較便宜、保障額度比較高這兩個部分。

不過，真的是這樣嗎？

由於投資型保單本質就是定期險，而定期險跟終身壽險的保費，原本就差距甚大了。顧名思義，定期險只有提供「固定期間」的保障——例如你繳費一年，保險公司就只有提供一年的保障，而不是像終身壽險，可以保障「終其一生」，保費自然較為便宜（請參照〈第 2 天第 1 小時〉的說明）。

再來看看，保障額度在什麼情況之下會比較高。

傳統的保單，有一項生存金的給付（也就是儲蓄險的概念，請參照〈第 1 天第 1 小時〉）。但是這筆生存金的多寡，是在簽訂保險契約的當下就已經計算好的固定金額，因此，不管你是跟保險公司約定好採取哪一種領回方式，或是設定好多長的期間才領，這筆金額是不會改變的。

但是，投資型保單卻可以許你一個願景：在你的投資部分「有獲利」時，可以提高整張保單價值，而身故時的理賠金也會提高——這也就是業務員宣稱的「保障額度」會提高。然而，投資一定會獲利嗎？萬一失利時，原本的保障也會被這「負的報酬」所侵蝕（大家可以回想一下，2022 年春天之後，從俄烏宣戰、通膨肆虐加上美國聯準會升息以及縮表等，所造成全球股市的巨幅動盪、道瓊工業指數慘跌千點以上的情形）！

可是，大多數的保險業務員在提供給客戶建議書時，往往會以每年 6%、8%，甚至高達兩位數的投資報酬率，來描摹你的美好未來，讓你誤以為買了一張投資型保單，從此就可以高枕無憂，王子跟公主，從此過著幸福美滿的日子！

想也知道，有多少人的投資組合可以始終維持長期穩健獲利，而且報酬高達兩位數？真的具備這種投資能力的人，又為什麼要去選購投資型保單？直接去投資股票、選擇基金，少掉付給業務員的佣金、保險公司的行政費用，報酬率不是會更高嗎？

「變額」的意思是指本金會變動，很有可能不保本。
「萬能」的意思只是指繳費可以彈性，不是指你的保單無所不能！

你繳交的保費，並不是100％都用來投資！

Q 為什麼投資型保單的預期報酬跟實際績效往往差很大，讓保戶氣得想解約，引起糾紛呢？

A 其實任何一種金融商品都有它的特色及功能，沒有絕對的好與壞，都有其適用的情境。而投資型保單之所以會引起保戶的反感，進而想要解約，最主要的是保險業務員沒有事先跟保戶溝通清楚投資型保單的特色和它的運作流程。尤其是投資型保單有許多費用需要負擔，而這些相對高的費用，往往會侵蝕投資型保單裡面投資部分的報酬。我們就先來解釋，投資型保單在繳交保費之後，保險公司的運作流程。

　　以下我們以「前收型」的壽險投資型保單為例，說明保費的運作流程。

步驟① 保戶繳交保費

步驟② 保戶先定義所交的保費中，分別有多少要分到「目標保費」與「超額保費」。例如一共交了1萬元，其中2000元放到目標保費，另外8000元放到超額保費。

　　目標保費是指要保人（就是繳交保費的人）在投保時，自己訂定每年預計要放在「保障」中，所需繳交的保費。

　　超額保費則是指每期繳交的總金額（例如 1 萬元）超過目標保費（例如 2000 元）的部分（剩下 8000 元），就是用於投資的本錢，這部分可以讓保戶自行彈性增加。

步驟③ 保戶所繳的保費先扣除附加費用（附加費用率詳見以下說明），剩餘保費才會進入投資型保單專屬的分離帳戶。

步驟④ 分離帳戶中的錢，還需要扣除帳戶管理費、危險保費、投資轉換費用等，剩下來的錢才會用來投資。

步驟⑤ 投資基金、連動債等金融商品的價值，稱為保單帳戶價值，就是保險公司理賠的基礎。

　　其間的費用包括：

☆ 危險保費

投資型保單也是一張保單，也有保障的成分；當保戶符合理賠條件（例如身故或全殘）時，保險公司也需要支付保險金，如同前面各單元所提，保險公司需要收取壽險保障費用。有別於傳統的壽險，投資型保單採取自然費率，這是一種會隨著保戶年紀逐年增長而調升費率、提高保費的。而這也是投資型保單的保費每期會不一樣的原因。

☆ 行政管理費

這部分的費用，主要是用來支付分離帳戶中的帳戶管理費，或者因應各項投資及轉換的費用，大多數的保險公司會收取

「每個月」100元。注意，是每一個月都會跟你收取100元喔！相較於定期定額買基金，這部分的管理費是偏高的！

⭐ 附加費用
主要是用來支付給業務員的佣金，或是保險公司的管銷成本。在目標保費和超額保費中，收取的百分比高低不同，其中：

目標保費： 在前五年，總共會收取年繳保費之150%（這裡是舉個例子，實際上各家保險公司或有不同），第六年之後才不收取。這部分跟「保障」有關。

超額保費： 每年都會收取每筆投入金額之3%～5%。這部分跟你用來「投資」的總資金有關。如何？3%～5%是不是有點高呢？

　由於投資型保單這項商品的設計，並不是要讓你只是短期持有，或者是像投資股票或基金般地短進短出。再加上投資型保單有那麼多相對複雜的費用，會侵蝕掉可投資的資金，因此，就會造成商品的「預期報酬」與「實際績效」有比較大的落差，而讓保戶跟保險業務員或保險公司之間產生

投資型保單保費的運作流程

保戶繳交保費

目標保費（先扣附加費用）
前五年最高150%，第六年開始為0，作為業務員之佣金或是保險公司的管銷成本

超額保費（先扣附加費用）
不分年期，每年扣3%～5%作為業務員之佣金或是保險公司的管銷成本

餘額進入保戶的分離帳戶

紛爭了。

投資型保單的關鍵名詞

保險金額 （基本保額、投保保額）	保險契約上面載明的投保金額。
目標保費 （前置費用、基本保費）	要保人於投保當時自行訂定，每期預計繳交之保險費，但有門檻限制，須符合各保險公司當時之規定。本項可拆成兩部分：購買壽險保障的「相關成本費用」＋「投資基金的錢」。
超額保費 （增額保費、彈性保費）	就是直接拿去投資基金的保費。本項可拆成兩部分：「投資基金的錢」＋「投資基金的申購手續費」；申購手續費約為超額保費的 3 ％～ 6 ％不等，視各保險公司規定而定。
行政管理費 （行政費用、保單維持費）	用途是支付保險公司維持保單運作的行政成本。有些保險公司會同意，如果該保單的帳戶價值達一定額度以上，保戶可免被收取行政費用。
保險成本 （危險保費、死亡保費）	這是壽險保額的保費，有購買壽險保額的投資型保單才會收取。

 由於投資型保單第一年的保險金，大部分會被保險公司用來支付業務員的佣金、營運費用、保險費等，比較少用於投資，第二年開始才會逐漸降低前置費用，讓保險金有較多的比例用於投資，所以才會產生「如果在第一年就解約，拿回來的本金會少很多，顯得特別吃虧」這種說法。

保戶的分離帳戶
扣除當年度危險保費、扣除每月帳戶管理費、扣除各項投資及轉換費用 餘額成為保單帳戶價值 ➡ **保單帳戶價值** 作為保戶的理賠基礎

投資型保單到底是進可攻、退可守，還是會讓你進退兩難？

Q 那麼如果把投資型保單拆開來，投資的歸投資，保障的歸保障，這樣會比較好嗎？

A 其實任何一種商品的問世，都有其功能性、以及適用的情境或適用的投資人。投資型保單結合了投資及保障，自有其創新意義，斷不能因為有糾紛，就因噎廢食。如果將「投資型保單」跟「定期險」加上「共同基金」，兩者之間比較一下，其實各有優缺點：

☆ 就費用率而言

買進基金之後，如果都是長期持有的話，費用率何者比較高呢？

根據前面的分析，投資型保險有比較多的費用項目需要收取，所以，投資型保單的費用率會比較高。但是，如果投資了基金之後，需要經常轉換投資標的的話，因為基金公司會收取每次的轉換費用（有時高達 500 元以上），所以，投資型保險負擔的總費用率，也許會比自行投資共同基金為低。

☆ 就基金選擇的多樣化及自主性而言

自己架構投資組合的基金選項，會遠高於保險公司基金平臺中可選擇的基金。

畢竟，投資型保險中能夠選擇的基金標的，只限於保險公司提供的標的，而通常保險公司只會跟少數幾家基金公司簽約。再者，基金公司也未必會把自家所有的基金都上架到保險公司的基金平臺，能夠提供給保戶選擇的基金品項跟產品線就會少了許多！

⭐ 關於流動性問題

一般說來，投資共同基金的流動性會比較高，變現性也會比較好。

因為投資型保單雖然標榜可以隨時「提領」，但要注意各家保險公司有不同的提領限制。另外，投資型保單如果提前解約不僅會有所損失，保險還可能失效（主約的壽險失效之外，連帶的附約中的醫療跟意外保障，也會跟著失效）。一旦失效，你買保單的用意，是在「避險」還是在「冒險」？

投資型保單的流動性
以保單貸款方式提供流動性，須給付利息
以解約方式提供流動性
可部分提領，除了提供可流動性，保單的有效性也不受影響

⭐ 關於保障中的危險保費

在同樣的條件之下（比方說男性，30 歲），實務上投資型保險的危險保費可能會比較少一點，反而單純的定期險，其危險保費會比較高。

⭐ 關於稅負部分

由於投資型保險畢竟是屬於保險的一種，因此，保單價值中屬於「保障」的部分仍然會有比較寬鬆的稅負優惠。但應注意的是，投資型保險的課稅項目包含了：所得稅、基本所得稅額、遺產稅等稅目。

由於投資型保單有兩種帳戶，一種是壽險保障的一般帳戶，另一個是與投資有關的分離帳戶；在分離帳戶中，保單的現金價值，就會是保戶決定連結投資標的、計算投資損益後的金額。

其中，一般帳戶就是保障部分，比較清楚，較沒有疑慮；但分離帳戶就是專設帳戶，是要保人在投資部分所累積的成果。

財政部已經明白表示，2010 年 1 月 1 日後投保的投資型保單，其分離帳戶的收益與孳息，會被課徵所得稅，也適用最低稅負制的規範！

☆ 關於費用率

通常基金公司會在公開說明書上面說明所收取的費用率，但是保險公司的附加費用率就相對不透明，因此，保戶不太容易設算會有多少資金是用來投資的。

投資型保單的效益不如預期？可考慮投資歸投資、保險歸保險

其實，投資型保險對於投保預算不多的小資男女而言，的確是可以用較低廉的預算達到保障與投資的雙重目的。但是就跟挑選任何理財工具一樣，最好能夠選擇費用（交易成本）較低的金融商品，才能夠降低投資成本，才有機會用較多的本金去錢滾錢、創造更高的報酬。另一方面，因為投資型保單的相關費用較高，因此，如果在檢視之下，發現投資型保單的效益不如預期時，也許可以考慮把保障與投資分開，試著利用「定期壽險」加上「定期定額買基金」的方式，一樣可以打造出「保障＋投資」的資產配置，這樣可以節省一些長達數年默默被扣除的相關費用，讓你的財富累積更有效率！

2020 年，保險局為投資型保單新增「六不」規範：
①附保證給付不得超出身故保證類型
②附保證給付金額，最多不得超過保戶總繳保費
③附保證的月撥回類全委保單，淨值一旦低於八美元，不得再撥回
④保證費率不得一率到底，必須分性別、年齡收不同保證費率
⑤不得承諾保戶資金立即投資
⑥保單不得有不停效保證

保單型態	傳統型保單	投資型保單
繳費方式	不管是分期或躉繳，繳費金額都是固定的	有彈性，保戶可視本身經濟條件而定
危險保費	平準保費，每年要繳的保費都一樣	採自然保費，年紀愈大，保費就愈高
現金價值準備金	有最低保證	沒有最低保證，要看投資標的之表現
投資風險	盈虧是壽險公司承擔	盈虧是保戶自己承擔
保單種類	終身壽險、定期壽險、儲蓄還本險、養老險……等	變額壽險、變額萬能壽險、變額年金險……等

用多少，賠多少？

「實支實付醫療險」 真的會實支實付嗎？

我們繳了多年的保費，希望都是「保平安」的，不要用到。但是，一旦遭逢意外或者是生病住院，導致自己或家人需要治療，而且須繳付鉅額的醫療費用時，通常會認為保險公司應該都會理賠吧？

隨著醫療科技的日新月異，各種疾病多半都能夠被治癒或緩解，只是其間過程有可能須要大費周章而已。尤其若是必須接受手術治療，而且又需要藉由高端的醫療設備執行手術，卻是健保不能給付的項目時，自費醫材的大筆帳單，往往會讓人瞠目結舌，驚嘆呼喊——果然窮人生不起病！但是，如果買對了保險，就可以讓這種體況痊癒卻大傷荷包的「災害程度」降低。那要怎麼投保呢？建議各位可以「實支型醫療險」（又稱為「實支實付」醫療險）轉嫁此部分的風險。

我們已經知道，醫療險可概分為兩種，分別是「日額型」以及「實支型」。日額型的保障範圍，主要在於住院與手術所衍生的開銷；而實支型的保障範圍，則多了雜費這項支出，尤其是理賠健保不給付的項目，例如雜支、醫療耗材費等等。

而醫療費用通常可區分為三大塊：住院、手術以及雜費。如此一來，我們就可以整理出一個簡單的結論：如果這次接受的醫療診治，有比較多的自費醫材項目的話，投保實支型的醫療險，可以讓保險公司「出力」的程度就比較高。而日額型的理賠方式，是根據被保險人住院的天數，

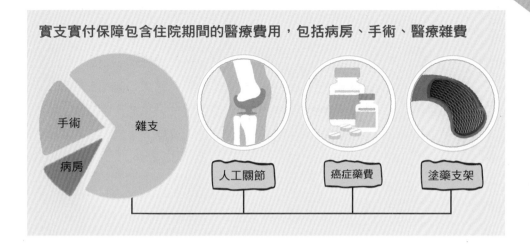

實支實付保障包含住院期間的醫療費用，包括病房、手術、醫療雜費

手術

雜支

病房

人工關節

癌症藥費

塗藥支架

乘以固定的數額（例如一天 2000 元）來計算，適合用在當你從不需要繳費的健保病房「升等」到單人房的病房差額補貼之用。因此，在考量投保醫療險時，保險顧問通常會建議，可以日額型跟實支型的醫療險各買一張的理由就在於此。但是，我們在選擇投保實支型醫療險時，仍必須留意以下幾點：

☆ 關於住院醫療費用

這就是一般人認知的醫療雜費。有些險種的保單條款，會區分成「概括式」或是「列舉式」。

列舉式的條款，顧名思義，保險公司會列舉出給付範圍，不在其給付範圍內的，保險公司是不會理賠的。而概括式的條款，除了會列舉出給付範圍外，通常會再加上「超過全民健康保險給付之住院醫療費用」，其理賠範圍會較列舉式大。詳細條款可以參考文末的「住院醫療費用保險單示範條款（實支實付型）第 6 條」說明。

☆ 關於手術費用

保單上通常會定義，依照手術情況的不同而有多高的限額，並且會附上手術列表比對理賠的計算。如果遇到所接受的醫療手術不在列表範圍內時，就有如何認定理賠的問題了。常見的理賠認定處理方式，有的是比照健保的手術項目，有的則是個別與保險公司協議等，讀者在簽約時可以多加留意。

☆ 關於門診理賠

有些實支型醫療險也有含括「門診」範圍，例如可以理賠的範圍包括有「門診手術」，以及「住院前後門診」；前者包含了不用住院所施行的手術（現在有很多只要門診就可以手術的項目，也不用住院療養了），後者則可以保障在住院之後還是需要回診的保戶，若其診療發生健保以外的支出項目時，皆可以獲得理賠。

☆ 關於是否可以接受「副本」理賠

在購買實支型醫療險前，也要注意，有某些保險公司是不接受副本單據理賠的；如果是這樣，保戶在一開始投保或者在申請理賠時，就要留意投保順序（如果已經跟一家需要「正本」才能理賠的公司投保，就不能再跟也是需要「正本」才能理賠的公司投保），以及所提出的單據（醫療單據正本都只有一份）效力問題了。

- 要留意「門診手術」是否可以理賠。
- 因為醫療技術和耗材日新月異，自費醫療的比例逐漸增多，保單最好要包含這項保障。
- 如果住院期間的病房和雜費等支出，健保都有給付，那麼實支實付醫療險可以轉換日額理賠，可以注意你的保單是否可轉換成日額理賠。

【附錄】

　　法規名稱：住院醫療費用保險單示範條款（實支實付型）第6條

　　被保險人因第四條之約定而以全民健康保險之保險對象身分住院診療時，本公司按被保險人住院期間內所發生，且依全民健康保險規定其保險對象應自行負擔及不屬全民健康保險給付範圍之下列各項費用核付。

　　一、醫師指示用藥。

　　二、血液（非緊急傷病必要之輸血）。

　　三、掛號費及證明文件。

　　四、來往醫院之救護車費。

　　五、超過全民健康保險給付之住院醫療費用。

　　※給付日間留院適用

　　被保險人因第四條之約定而以全民健康保險之保險對象身分日間留院診療時，本公司按其實際日間留院費用金額給付，但被保險人於投保時已投保其他商業實支實付型醫療保險而未通知本公司者，本公司改以日額方式（日額之計算標準由保險公司定之）給付，且同一保單年度最高給付日數以〇〇日為限。

 貼心小提醒：

- 根據金管會的函令，保戶一個人最多只能購買三張住院醫療實支實付保單，包括一張正本的理賠以及二張副本的理賠。
- 因為醫療險和意外傷害險的實支實付可以分開計算，所以一人除了可買三張實支實付醫療險，還有三張意外險包含醫療項目實支實付。
- 再加上自付額醫療險，等於一人可買最多八張的實支實付險。

醫療險	傷害險
1張正本理賠 2張副本理賠	1張正本理賠 2張副本理賠
可附加1張具自付額醫療險	可附加1張具自付額醫療險

照顧你最心愛的人

保單受益人該怎麼填？

　　由於保險的要義，是要讓事故發生時，藉由保險公司理賠金的發放，降低受益人（參見附註一）可能面臨的衝擊；因此，如果發生了事故、符合理賠條件時，保險公司就會按照要保書保險受益人欄位（參見附註二）裡面的資訊發放理賠金。因此，受益人欄位應該填寫那些人？先後順序應該要如何填寫？也就至關重要！

　　有很多要保人在填寫要保書時，可能因為想要「嘉惠」的人多到族繁不及備載，又或者是面臨選擇性障礙，所以，在保險受益人欄位就只填寫最基本的「法定繼承人」而已。但是，只要填寫這五個字就夠了嗎？

　　如果你也曾經只是填寫這五個字，那麼，你知道你的法定繼承人會是誰嗎？是當初你指定要照顧的對象嗎？法定繼承人當中的分配優先順序又是如何？這些人又能夠獲分配多少理賠金呢？這樣的安排符合你當初投保時所設定要「嘉惠」的目標嗎？

　　我們先來看看，所謂「法定繼承人」是指民法第1138條（參見附註三）所訂定的遺產繼承人順序。所以，當保險要保書中的身故理賠金的受益人只填寫法定繼承人，而且勾選「順位」時，那麼如果「配偶」健在，他／她就是當然的、唯一的繼承人；如果發放理賠金的當下，配偶去世了，那麼在配偶之後的理賠金發放順位，依序如下：

● 第一順位：直系血親卑親屬

　　這包含了子女、孫子女等；而養子女等同於婚生子女，所以也在第一順位，但以親等近者為優先。因此，當子女（養子女）、孫子女都健在時，是以子女（養子女）為優先。

● 第二順位：父母親

●第三順位：兄弟姊妹

●第四順位：祖父母

　　如果同一順位有多人健在時，則會以均分的方式分配。

　　至於分配的比例，可以參照民法第1144條（參見P.166附註四）關於「應繼分」的規定。我們簡單說明如下：

❶ 當配偶與孩子（第一順位）健在時，則是所有人均分。

❷ 當配偶與父母親（第二順位）或是兄弟姊妹（第三順位）健在時，則由配偶先取得二分之一，另外的二分之一，則是由父母親或兄弟姊妹均分。

❸ 當配偶與祖父母（第四順位）健在時，則配偶可取得三分之二，剩下的三分之一再由祖父母均分。

❹ 若是第一順位到第四順位都沒有人健在時，則配偶（當然繼承人）就能取得全部的理賠金。

❺ 若是沒有配偶（當然繼承人），則會按照順位給付；如果位列在同一順位內的人就採取均分。還有，當前一順位沒有人健在時，才能輪到下一順位參與分配理賠金。

《民法》規定的身故保險金法定繼承人順位

順位	繼承人	繼承比例（應繼分）
第一順位	直系血親卑親屬	按照人數和配偶均分
第二順位	父母	配偶得 1/2，另 1/2 按人數均分
第三順位	兄弟姐妹	配偶的 1/2，另 1/2 按人數均分
第四順位	祖父母	配偶得 2/3，另 1/3 按人數均分
若無以上第一～第四順位繼承人時，配偶應繼分為遺產全部。		

《民法》對親屬的分類標準，主要分為血親和姻親。但另有三種標準，分別是：親系（直系／旁系）、輩分（尊親屬／卑親屬）、親等（一等親、二等親……）的區分。

　　明白了前面的解釋之後，實務上會建議，保險受益人的欄位應該先填上你所要照顧到的特定人士，最後再填寫「法定繼承人」，這樣會比較適當。

　　而之所以建議最後還要再寫上「法定繼承人」這五個字，主要是考量到，萬一你所填寫的受益人（例如配偶、父母親），竟然早於被保險人身故，那麼所有的受益人都不在世上的時候，按照「民法繼承編施行法」之規定，將會由「法定繼承人」出任受益人來請領保險金；因為有指定「法定繼承人」請領保險金，同時也可以避免該筆身故保險金變為被保險人的遺產，從而衍生出需要列報遺產稅的問題。那麼不僅理賠金有一部分要用來繳稅，還要申報遺產稅，增添了麻煩，不如在每張保單的受益人欄位加填「法定繼承人」，就解決了這些問題了！

 保單的「受益人」欄位應先填寫特定人士（可以是你最重視、最心愛的人），再填上「法定繼承人」比較適當！

【附註一】

　受益人（Beneficiary）：

　依保險契約約定，受領保險公司所給付的保險金者。在一般人壽保險契約上都有指定或變更受益人的約定，而受益人的指定或變更是屬於要保人的權益，如死亡保險契約的要保人未指定受益人，該筆保險金即作為被保險人的遺產。指定受益人並無人數的限制，要保人可以指定一人或同時指定數人為受益人，受益人也不限於自然人（個人），法人（機關、行號或團體等）也可以被指定為受益人。指定受益人的唯一限制，是受益人於請求保險金額時必須生存。

　（資料來源：富邦人壽公司）

身故受益人	姓名 未填寫則為法定繼承人	身分證號碼/ 統一編號	與(主)被保險人關係	電話	住所(通訊)地址 未填寫則以要保人最後所留之聯絡方式，作為日後身故保險金受益人之通知依	受益人超過1人時請詳述 保險金分配及順序方式， 若無註明則以均分辦理

（資料來源：富邦產險公司）

代號/項目	契約變更內容						
□08 受益人變更 【保險金給付限區域，變更受益人請一併於下方「受益人匯款資料及聯絡資訊」欄位提供匯款資料及聯絡資訊】		保險金種類	姓名	身分證字號	出生日期或 註冊設立日期	國籍 (若受益人國籍不同請註明)	與主契約被保險人關係	保險金給付分配方式 (受益人有二位(含)以上) (若未勾選則推定為均分方式)
	生存保險金					□中華民國 □_____		□均分 □順位 (請註明順位序號，如未註明則按由上至下順序受益) □比例 (請註明比例)
	滿期/祝壽保險金					□中華民國 □_____		□均分 □順位 (請註明順位序號，如未註明則按由上至下順序受益) □比例 (請註明比例)
	身故/喪葬費用保險金					□中華民國 □_____		□均分 □順位 (請註明順位序號，如未註明則按由上至下順序受益) □比例 (請註明比例)

□約定身故保險金(不含「喪葬費用保險金」)或完全失能保險金分期定期給付者，需另檢附「保險金分期定期給付約定書」辦理。

◎以主契約被保人之法定繼承人為身故/喪葬費用保險金受益人者，其受益順序及應得保險金比例適用民法繼承相關規定。
◎身故/喪葬費用保險金受益人非該被保險人配偶、直系血親、法定繼承人，請說明原因：
_____

（資料來源：中國人壽保險公司）

【附註三】

民法第 1138 條

遺產繼承人,除配偶外,依左列順序定之:

一、直系血親卑親屬。

二、父母。

三、兄弟姊妹。

四、祖父母。

【附註四】

民法第 1144 條

配偶有相互繼承遺產之權,其應繼分,依左列各款定之:

一、與第一千一百三十八條所定第一順序之繼承人同為繼承時,其應繼分與他繼承人平均。

二、與第一千一百三十八條所定第二順序或第三順序之繼承人同為繼承時,其應繼分為遺產二分之一。

三、與第一千一百三十八條所定第四順序之繼承人同為繼承時,其應繼分為遺產三分之二。

四、無第一千一百三十八條所定第一順序至第四順序之繼承人時,其應繼分為遺產全部。

課後心得
重點整理

3

第3天

觀念篇

工具篇

行動篇

求神拜佛之外，
保險護身符這樣買！——
家庭財務安全規劃與人身保險

仙人可以指路，好的保險顧問可以幫你張起防護傘。搭配定期保單健診，構築保單護城河可以自己來！

 第1小時　第一次買保險該注意哪些事？
這些觀念不可不知！

 第2小時　人生各階段與適合的保險商品規劃
——把錢花在刀口上！

 第3小時　升息、降息都不怕，利變型壽險這麼夯，
不必糾結要不要解約！

 第4小時　旅平險、防疫險竟然可以在產險公司買？
產險、壽險商品這樣搭！

第一次買保險該注意哪些事？這些觀念不可不知！

琳瑯滿目的保單不知從何下手？緊迫盯人的保險業務員，讓你躲都躲不及？排除誤解，行動方針讓你可以照著做！

單元重點

> 行動方針❶：找到適合的保險顧問
> 行動方針❷：協助自己做需求分析
> 行動方針❸：要瞭解基本的保單內容
> 行動方針❹：自己能夠負擔多少保費
> 行動方針❺：定期保單健診

五個行動方針，保單規劃按部就班自己來

Q 在我們瞭解了一些保險的基礎知識及概念之後，如果想要幫自己規劃保單時，有沒有哪些指引是可以參考的？

A 金融消費者在面對金融行銷人員銷售金融商品時，總會半信半疑，畢竟金融商品跟一般的生活必需品很不一樣，除了有些商品的價格高不可攀之外（例如想買股神華倫 巴菲特旗下最著名的波克夏·海瑟威（Berkshire Hathaway）的 A 股（BRK-A），在 2022 年，最貴時候一股要 54 萬 4389 美元，約當是新台幣 1600 萬），還有就是金融商品也有一般人難以理解的內涵及專業知識。此間金融消費者購買頻率最高的金融商品股票，都有基本分析跟技術分析的專業知識（可參考梁老師的其他專書：《3 天搞懂股票買賣》、《3 天搞懂財經資訊》、《3 天搞懂技術分析》）需要學習，那麼購買頻率相對低很多的保險商品，在「能見度」更低的情況下，金融消費者自然需要有更多的指引了。

　　在熟悉第一天及第二天關於保險商品的基礎知識之後，讀者們想要挑選適合自己以及家人的保險商品時，應該多了

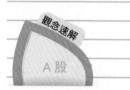

觀念速解

A 股

實施雙重股權結構的企業會發行幾種不同類型的股票，通常包含 A 股（Class A）、B 股（Class B），A 股可隨時轉換為 B 股，但 B 股不能轉換為 A 股。不同類型的股票間投票權、股息支付可能會不同。

幾分底氣；但是，保險商品中的契約條款、理賠條件等，在在都不是一般人可以輕易理解的，因此，讀者們若想要架構自己的第一張保險防護傘，有以下五個行動方針可以按圖索驥。

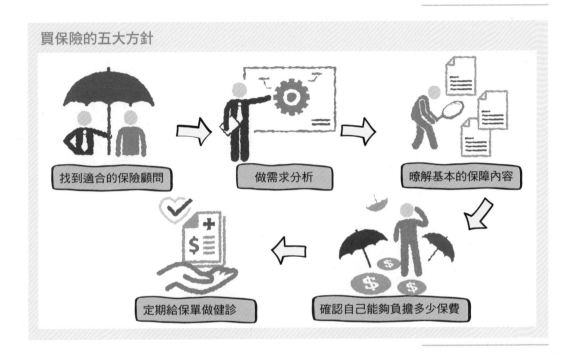

買保險的五大方針

找到適合的保險顧問 → 做需求分析 → 瞭解基本的保障內容

定期給保單做健診 ← 確認自己能夠負擔多少保費

仙人可以指路，好的顧問可以幫你張起防護傘

☆ 行動方針❶：找到適合的保險顧問

如同前面所提到的，保險商品牽涉到的契約條款及理賠條件，既專業且複雜，除了法律用語之外，還參雜眾多醫學名詞，對於習慣圖像、影片、短訊息的「划手機」世代而言，可能不是「同一國」的語言。因此，關於壽險要買多少額度才夠？醫療險是要買「實支實付」還是「定額給付」？是要用傳統型保單還是投資型保單規劃壽險等問題，對於一般人來說，可能沒有動機去主動學習和瞭解；因為這些「問題」，都不

是迫在眉睫，也不是生活中必然的遭遇，本就不成「問題」！

那麼要用那些方案「彌補」這些損失呢？又要如何進行呢？如果沒有任何的想法、不知從何開始，又該請教誰呢？

你可能會想到谷歌（Google）。但是，你得先要把問題陳述清楚，谷哥才能夠告訴你。如何釐清你的問題、陳述清楚你的問題，就需要靠一位專業的保險顧問了。

好的保險顧問就好像好的醫師，能夠聽你陳述你目前可能的「病痛」（需求），再給予「藥方」（建議書）。如果讀者們直接上網買保險，那就好比你滑手機點餐，雖然可以填飽肚子，但可能沒辦法兼顧營養均衡；好比到藥局買了感冒藥，可以短暫止咳化痰，卻種下傷肝的病因。所以，找到好的保險顧問還是很重要的，畢竟一位好的保險顧問可以協助守護你一生的風險！

Ⓠ 保險業務員號稱多如過江之鯽，有沒有哪些特質，是一位好的保險業務員該具備的呢？

Ⓐ 雖然保險業務員很多，但是稱得上保險顧問的，卻不多。那麼，一位好的保險顧問，可以提供給你怎樣的服務？他可以提供給你一家子從大人到小孩、從現在到未來所需要的保障計畫，並且兼顧你的預算，努力讓保障達到最大化的效益。說到底，一位好的保險顧問，應該具備什麼條件？

❶ 有同理心

能夠感同身受客戶的需求之後再規劃保單，而不是逕自推薦給保戶超乎經濟能力負擔的商品；或是刻意不透漏商品重要的資訊，只是催促著簽約；又或是沒有先幫客戶作足人身保障，卻先推薦買進投資型商品等等。這些行徑不禁會讓人懷疑，比起在乎客戶的身家保障，這位保險業務員更關心自己

的荷包吧！

❷ 有耐心

願意傾聽客戶的需求，也願意接受客戶的諮詢；有耐心願意
與客戶雙向討論及溝通之後才提出的保險建議書，也才能夠
達到持久保障的目的。畢竟保險不是短期的消費品、也有可
能繳費期間長達十數年，一開始就謹慎規劃，避免反悔解
約，既勞民傷財、又可能得不到保障！

❸ 專業而不浮誇

在推薦商品時，願意揭露商品重要的條款以及可能的誤區，
不要讓客戶以為這張保單是萬能的，誤以為它能夠含括一切
的風險。如果能夠具備簡單的醫療與法律知識，給予客戶更
多實例的分享的話，則會更好。

　　既然將保險顧問類比為財務醫生，那麼前述三個優秀業
務員的特質，其實就跟年資長短、年齡大小、職階高低等，
沒有直接的關係；能夠推己及人、定期協助客戶更新保障方
案的業務員，就是最佳的保險顧問！

⭐ 行動方針❷：協助自己做需求分析

Ⓠ 找到保險顧問之後，是不是就可以跟他／她買保單了呢？

Ⓐ 找到了優質的保險顧問之後，接下來，就是要協助自己
及家人，架好防護傘、做好保險規劃。

　　既然保險的功能，是在意料之外的時刻才會彰顯出來，
那麼，在做需求分析時，可以想像「萬一」意外發生時，你
手上的「一萬」夠嗎？如果不夠的話，要多少個一萬才夠？
我們做保險需求分析時，可以把握大小、時間加上商品這三

大原則。細說如下：

投保也要有效率！買保險的三大原則

❶先保大，再保小	先考量大人，再考量小孩 先考量大型的風險（重大疾病、失能……等）
❷先保近，再保遠	以時間的短期、中期、長期為變數來考量，先建立最基本的保障（醫療險、意外險、癌症險……等），再建立更進階的風險規劃（年金險、儲蓄險……等）
❸先保夠，再保廣	先規劃低保費、高保障的定期險，再搭配幾個終身主約，省下來的保費可以用來補強其它險種或是用來投資

❶ 大小

這有兩個概念。首先，「大小」是指保險的規劃原則，應先考量大人再到小孩。保費的預算總是有限的，如何兼顧成本效益，規劃出一個在當時是相對全面的保障，那就得先規劃大人的保單；尤其是肩負一家大小經濟重責大任的大人，更應該擁有相對完整的保障。接下來，才是照顧到小孩的需求。

而除了考慮到前述的年齡、責任之大小外，還要考慮到「風險的大小」。在選擇保單時，應該優先考量，這張保單的保障，是不是能夠轉移當家人遭遇重大事件的風險（大型的風險）？例如萬一罹患重大疾病、癌症，甚至失能、死亡等，遭逢這些令人驚駭的事件，可能會使家庭成員身心都承受巨大壓力，而且還要付出可觀的金錢照護；因此，就需要優先選擇相對應的保單，將這些風險轉移給保險公司。至於小型的風險，比如傷風感冒等，所衍生的支出費用相對較少，在預算有限的情況下，可以選擇風險自留。

因此，在作需求分析時，建議以「先保大再保小」作為評估的第一個原則。

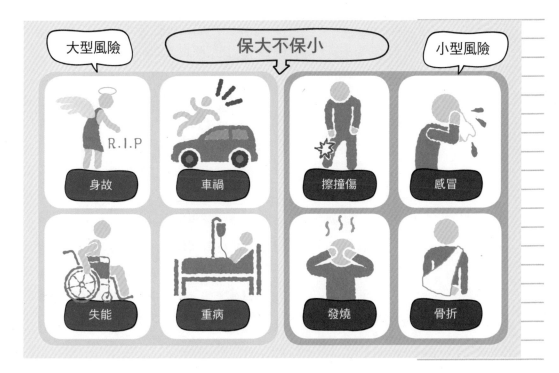

❷ 時間

接下來，在做需求分析時，可以時間的短期、中期、長期當作變數，加以考慮。一旦遭逢意外時，希望保險的理賠金，可以支應家人多長的日子，讓生活不虞匱乏？這就牽涉到保額的高低了。此外，壽險或醫療險的保障期間是要短要長、是保障定期或者是終身，也都要參考當下的情境仔細分析的。關於壽險或者醫療險進一步的保障規劃分析，可以參考本書第三天第二小時的內容。

❸ 商品

有了前面兩個條件的分析之後，再來就是搭配商品的組合，架構出一張保單。

保單的商品組合，依照本書前面內容的探討，主要可以藉由六大類保單來協助解決可能的風險問題。這六大類保單分別是壽險、醫療險、重大疾病（重大傷病）險、癌症險、

失能險以及意外險，可以解決人一生可能遭遇的風險，包含有家庭責任、住院醫療、長期照護、退休養老等生、老、病、死、殘帶來的煩惱。

然而市面上琳瑯滿目的險種，總是令人眼花撩亂！更何況人生在不同階段，還需要不同的保障！因此，在做需求分析時，可以跟你認可的保險顧問仔細討論，才能夠明白自己或家人在面對風險來襲時，如何轉嫁這些風險？又需要花多少保費來轉嫁這些風險？

當然，完整的需求分析絕沒可能一步到位，需要跟保險顧問洽談幾次之後，才能夠有清晰的輪廓，這也才能夠明白自己或家人已經有了哪些保障（比如勞保或團保）？還有哪些保障缺口，是在短期、中期、長期需要補強的？在疑慮釐清之前，建議別急著投保，也許跟不同的保險顧問討論，會有更清楚的輪廓，再加上真正瞭解保障內容之後，再來投保即可。

☆ 行動方針❸：要瞭解基本的保單內容

Q 有了保險規劃方案，接下來，保險顧問提供的保險建議書是不是就照單全收了呢？

A 找到合適的保險顧問，協助自己及家人作完需求分析之後，接下來，開始物色保單，就是要請你的保險業務員提供符合你需求的保險建議書。通常保險建議書厚達數頁，有些讀者可能看到「落落長」的文件裡，又是表格、又是文字，還有一堆數字，就先投降了，但是密密麻麻的文件裡，重點的部分有這三大點是需要知道的：

❶ 保費明細表

這張表會告訴你，如果照著這張保險建議書來規劃的話，需

要繳交這麼多保費。以下圖一為例，這張保費明細表上面，除了說明你即將投保的險種之外，還提供了繳費年期（20年）、保險金額（200萬）等資訊，以及你的保費繳交方式，如果是分別採用年繳、半年繳、季繳或月繳的話，各要準備多少錢。

圖一 保費明細表

保費明細表_全繳別

| 要保人： | 生日： | 保險年齡：48 | 性別：男性 | 職業等級：1 |
| 被保險人： | 生日： | 保險年齡：48 | 性別：男性 | 職業等級：1 |

單位：新台幣/元

險種名稱(代號)	投保對象	年期	保險金額(計劃/單位)	年繳	半年繳	季繳	月繳
中國人壽心安心照護終身保險(LEGOEA)	被保險人	20年期	200萬	84,600	43,992	22,165	7,445
中國人壽要保人豁免保費附約(YY)	要保人	19年期		15,837	8,235	4,149	1,394
總計：2筆				100,437	52,227	26,314	8,839

資料來源：中國人壽

❷ 給付明細表

當你繳了保費之後，你可以有什麼「好處」？

我們舉一直很熱銷的利變型保單為例，在圖二的試算表中，我們可以看到這張保單的預定利率是 2%，本月的宣告利率是 3.2%；原始年繳保費是 5102 美元，折扣後是 5000 美元，繳交六年。之後的保險利益，可以選擇「以繳清保險方式增加保險金額」，或者「選擇現金給付」，又或者是可以解約領回的「現金價值」。

在本例當中，繳了六年，累積所繳的保費是 3 萬美元（50,000 × 6 ＝ 30,000），在第七年初領回的現金價值是 30,347 美元；第八年初領回的現金價值是 31,304 美元。這

可以讓你清楚知道，不計較貨幣的時間價值，你的「損益兩平點」要在第七年初，也就是要繳費期滿（六年）之後，解約領回的現金價值，才能高過你六年的總繳保費。

有人可能會想，如果將每年要繳的保費放在銀行，不是會有利息嗎？放在保單得要六年之後，才會有些微的「利息」。其實，損失掉的「利息」，可以當成用來保障你人身安全（投保金額）所需的危險成本。因為在繳費的六年期間，如果被保險人去世，保險公司要給付 89,360 美元的理賠金；而就算繳費期滿，只要不解約，也是享有 89,360 美元的保額。這一點，是你存在定存沒有的好處。

圖二 利變型保單定期給付試算表

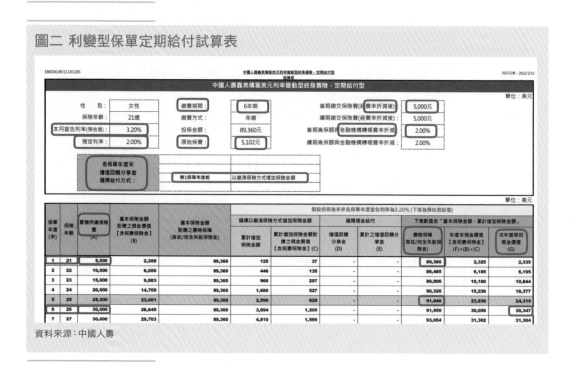

資料來源：中國人壽

同樣是給付項目明細表，下圖三是特定傷病醫療險的給付明細表。這張表羅列出給付項目跟對應的給付金額。黃色塗布部分，是業務員塗上去的；這是較為積極、仔細的業務員，為了提醒客戶那些是重點、需要特別注意而個別作的，

保險公司的建議書系統，並沒有這些顏色塗布的。

圖三 醫療險給付項目明細表

給付項目明細表

中國人壽心安心照護終身保險 LEGOEA

單位：新台幣/元

給付項目			給付金額
安心保險金			500,000
1.腦中風	2.癱瘓	3.嚴重頭部創傷	
4.主動脈外科置換術	5.再生不良性貧血	6.阿爾茲海默氏病	
7.昏迷	8.運動神經元病	9.多發性硬化症	
10.肌肉營養不良症	11.帕金森氏症	12.類風濕性關節炎	
給付項目			給付金額(元)
照護扶助保險金			500,000
1.腦中風	2.癱瘓	3.嚴重頭部創傷	
4.主動脈外科置換術	5.再生不良性貧血	6.阿爾茲海默氏病	
7.昏迷	8.運動神經元病	9.多發性硬化症	
10.肌肉營養不良症	11.帕金森氏症	12.類風濕性關節炎	

註：
1. 被保險人於本契約有效期間內經醫院醫師診斷第一次罹患或遭受保單條款第二條約定之特定傷病者，中國人壽按「保險金額」之25%給付「安心保險金」。

資料來源：中國人壽

❸ 保單條款／名詞定義說明

在建議書裡，還會有保單條款或重要名詞的說明，讓要保人可以明白，這張保單有哪些重要的關鍵名詞、條款，是需要先行揭露給要保人知道的。

例如下圖四，就是想要投保的這個險種，有關何謂「重大疾病暨特定傷病」的說明。比方說，特定傷病是包含哪幾種病？而且要是醫師診斷「第一次」罹患該項疾病才符合理賠條件等等。細心的業務員，還是會把某些重點，以螢光筆的形式標示出來，提醒保戶注意。

由於保險商品項目不只繁多，同樣險種在不同保險公司，也有全面性與局部性的差異，若想要盡可能符合自己的風險規劃，就需要研讀保單條款的保障範圍了。而這部分，

的確是需要有經驗的保險顧問協助，要不然，很容易買到不符合你規劃的商品。

圖四 保單條款或重要名詞的說明

We Share We Link ☐中國人壽　重大疾病暨特定傷病定義說明

中國人壽心安心照護終身保險

本契約所稱「特定傷病」係指被保險人自本契約生效日起持續有效三十日後（或復效日起），經醫院醫師診斷第一次罹患或遭受符合下列各款定義之一者。但因遭受意外傷害事故所致者，不受本契約須持續有效三十日之限制：

一、腦中風：
　　係指因腦血管之突發病變導致腦血管出血、栓塞、梗塞致永久性神經機能障礙者。所謂永久性神經機能障礙係指事故發生六個月後，經腦神經專科醫師認定仍遺留下列殘障之一者：
　　（一）植物人狀態。
　　（二）一肢以上機能完全喪失者。
　　（三）兩肢以上運動或感覺障礙而無法自理日常生活者。
　　　　　所謂無法自理日常生活者，係指食物攝取、大小便始末、穿脫衣服、起居、步行、入浴等，皆不能自己為之，全須他人扶助之狀態。
　　（四）喪失言語或咀嚼機能者。
　　　　　言語機能的喪失係因腦部言語中樞神經的損傷而患失語症者。
　　　　　咀嚼機能的喪失係指因器質障害或機能障害，以致不能作咀嚼、吞嚥運動，除流質食物外，不能攝取或吞嚥者。

二、癱瘓：
　　係指肢體機能永久完全喪失，包括兩上肢、或兩下肢、或一上肢及一下肢，各有三大關節中之兩關節以上機能永久完全喪失者。所謂機能永久完全喪失係指經六個月以後其機能仍完全喪失者。關節機能的喪失係指關節完全強直或完全麻痹狀態者超過六個月以上。
　　上肢三大關節包括肩、肘、腕關節，下肢三大關節包括股、膝、踝關節。

資料來源：中國人壽

☆ 行動方針❹：自己能夠負擔多少保費？

Ｑ 瞭解建議書上面的基本資料之後，萬一保費超出我的預算怎麼辦？

Ａ 審視解析完建議書、確認該張保單有符合自己的保險需求之後，接下來，就要考慮自己的預算分配問題。本書前面各單元一再提到，投保的初衷本意，就是在於透過買保單，將「萬一」（意外事故、生病住院、死亡）的情況發生時，使得現有經濟能力無法負擔的風險轉嫁給保險公司；因此，要付出多少保費，買到多少保額才能讓人安心，需要經過縝密的規劃。

　　然而，小資男女、月光族，可能常常掙扎在柴米油鹽醬醋茶的日常用度，對於保障支出（雖然這也是必需的支出）總覺得可有可無；但就算少喝一杯咖啡，也得要擠出錢來繳交保費。若是手頭真的很緊，可以考慮定期險作為基本保障，等到手頭較為寬裕時，再按照之前仔細規劃出來的保障需求，逐一補齊。但是，最重要的，還是在於現金流的問題。既然買保險是為了避免未來的現金流斷炊，自然也不能夠因為勉強繳交自己沒有辦法負擔的保費，而讓自己目前的現金流出現缺口吧！所以，年度的保費預算，就成為最重要的一筆固定支出。

　　至於保費要如何估算呢？常見的說法是，整年度的保費支出，不要超出年收入的一成；換句話說，如果一個上班族的年所得是 80 萬，那麼他每年的保費支出，就不宜超過 8 萬元（80 萬 × 0.1 ＝ 8 萬）。這所謂的一成預算云云，應該只是概算，不宜當成金科玉律。原因是，如果是剛出社會的小資男女，年收入可能不過 35 萬元，如果需要拿出 3 萬 5000 元支應保費，就只剩下 30 萬元要度過一整年！如果還必須租房子、負擔學貸，甚至於還要提撥孝親費，那麼是否還能兼顧基本的生活品質？想也知道！這種不發生意外的情況，日常現金流都已是捉襟見肘了，遑論發生「萬一」的時候了！因此，這種收入相對困窘的階段，就不宜死守 10% 的護城河，而是可以改用 5 ～ 8% 的預算，透過定期險的低保費、高保障的特性，暫時獲得基本的保障。

 貼心小提醒：

買保險之前，先考量本身的狀況，再推估可負擔的預算：

1. 我目前的月收入有多少？萬一被迫減薪，或是工作沒了、收入中斷，我還有多餘的錢繳交保費嗎？如果有，預算會是多少？
2. 我需要承擔家庭責任嗎？我是一人吃一人飽，還是全家老小都靠我？
3. 我現在有沒有房貸？車貸？或是其他負債？
4. 我的工作型態有沒有職業風險？

☆ 行動方針❺：定期保單健診

Q 買完保單之後，是不是就可以高枕無憂了呢？

A 每個人的成長過程當中，會因為各種不同的機運，而讓自己的身分及身價跟著改變，因此，在慘澹少年時規劃的保單，自不能一直沿用到哀樂中年！換句話說，保單也需要與時俱進、做滾動式修正的。至於什麼時候要檢討修正？建議可以在每年保險公司通知繳交保費的時候，順便把保單拿出來審視一下，從保障項目、理賠條款等，再次檢視。這種保險業界通稱的「保單健診」，就好比是一個人生病時要看醫生，沒有生病時，也得要定期做健康檢查的概念一樣。藉由保單健診，可以瞭解自己的保障是否足夠？又該如何調整？

定期的保單健診，不一定都要重新添購保單、增加預算，有時反而可以趁此機會，把不符合時代潮流的保單取消（例如以往手術非得要住院才能理賠的保單，若是定期險，可以考慮轉換成門診手術就可以理賠的險種），把此部分的預算騰出來，改運用到別的保單。甚至，若是身分改變了（從有偶又回到單身），除了保額有機會可以調降之外，連帶的受益人也需要更改，避免讓理賠金成為前夫／前妻的嫁妝。這些，也都是定期保單健診帶來的好處。

此外，如果之前繳交保費的方式是使用信用卡扣帳，現在把卡片剪掉了，要記得更換卡片，或是改由銀行帳戶扣繳，避免因為沒有正常繳交保費造成保單失效。這些平常不會去注意到的細節，都可以透過保單健檢時，一併注意調整的。

一定要幫保單做健檢的族群

很長一段時間沒有審視保單	不管是結婚／離婚、生子等家庭變化，都要注意壽險額度、受益人這些是否需要調整
家庭成員有變化	不管是結婚／離婚、生子等家庭變化，都要注意壽險額度、受益人這些是否需要調整
收入有變化	• 以原則上一年的保費不應超過年收入的 1/10；如果收入減少，就不應死守 1/10 原則，而要滾動式調整為 5% ～ 8% • 可透過定期險來規劃低保費、高保障的內容
工作有變化	• 如果職務有異動，例如被調整職等、內勤改為外勤，保戶最好主動通知保險公司，而保費也將有可能增加或減少 • 如果是換工作，且新公司有提供團保，則視狀況調整和眷屬加保
負債增加	如果因為買房而揹了房貸、買車揹了車貸等大筆債務，建議把壽險額度的保障拉高

　　買保單的過程雖然繁瑣，也許還需要跟保險顧問來來回回好多趟才能夠敲定保單的架構，但畢竟這些保障都是為了因應萬一而採取的行動方針。事前縝密的討論，可以避免倉促買保單之後的反悔、解約，除了可能有金錢上的損失之外，還有可能因而造成保障的空窗期，那才是最嚴重的。讀者們不可不慎！

人生各階段與適合的保險商品規劃─把錢花在刀口上！

瞭解了保險觀念以及保險工具，我們接著來搭配自己和家庭在各階段的需求，逐步規劃適切的保單；險種多沒關係，把重要的套路、公式學起來，有效的保險防護網跟著這樣做，為自己和家人保住財富，進而守住財富、傳承財富！

單元重點

- · 行動方針❶：壽險怎麼保？這個公式，讓你知道保障缺口
- · 行動方針❷：醫療險怎麼保？重大疾病險、重大傷病險，讓你很困惑？有家族病史，買保險要注意那些事情？
- · 行動方針❸：意外險怎麼保？搞懂再下手，讓你不花冤枉錢！
- · 行動方針❹：人生各階段的保險商品這樣規劃學起來！
- · 行動方針❺：保費精打細算，算盤這樣打！

行動方針❶：壽險怎麼保？這個公式讓你知道保障缺口

Q 想做好風險管理，得要買適合自己的保單，畢竟一分錢一分貨。那麼，要如何聰明地買保單呢？

A 既然想要適度地轉嫁風險所造成的損失，那麼就要有成本的考量；這些成本，就是保險費。而保險費的多寡，又跟保額息息相關。每個人在不同階段的生涯需求不一樣，所承擔的責任不同，因此，也要相對應地調整應有的保額；畢竟，保額愈高，保費也會愈高，這是放諸四海皆準的道理。

　　那麼在保費預算有限的情況下，要如何做好個人或家庭的風險管理？我們可以按照需求分析，以壽險、健康險、傷

害險為三大構面，分別來瞭解如何聰明地買到「俗又大碗」
的保單。

關於第一次買保險的相關行動方針，我們已經在〈第 3
天第 1 小時〉跟讀者們闡述了。接下來，我們將提出「保險
需求分析」的四個步驟，供讀者們參考執行：

● 先計算出個人或家庭的保險總需求（應該準備）。
● 計算出截至目前為止已經準備好的金額（已經準備）。
● 計算出前述一與二各項需求的缺口數額（「應該準備」
　減去「已經準備」的差額，就是應該要補強的「保險缺
　口」）。
● 最後是選擇適當的保險商品來填補缺口。

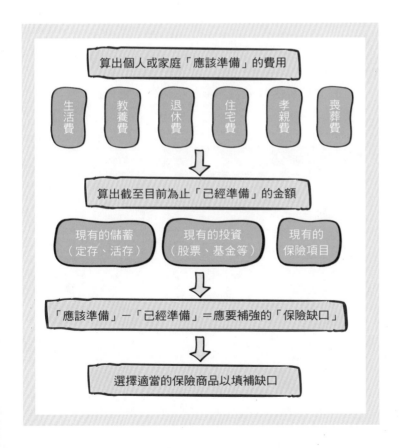

我們在計算各項保險需求時，也應將社會保險給付列入計算。因為在臺灣，絕大多數的人應該都有社會保險的基本保障；所以，在計算保險缺口時，可以將這部分的保額扣除，以節省保費。我國目前的社會保險有：

① 全民健康保險
② 勞工保險
③ 公教人員保險
④ 軍人保險
⑤ 農民健康保險
⑥ 國民年金保險

在規劃適當保險的過程中，針對各項身故、殘障、醫療與退休準備上，社會保險的給付，通常都能降低保額的淨需求，進而降低購買成本，因此，建議讀者們也可以找時間瞭解自己所擁有的各項社會保險相關給付，將有助於提高規劃效益。

死亡	死亡	失能	傷病	老年	生育
勞保	✔	✔	✔	✔	✔
公保	✔	✔	✘	✔	✔
軍保	✔	✔	✘	✔	✘
國保	✔	✔	✘	✔	✔
農保	✔	✔	✘	✔	✔

 貼心小提醒：

• 買多少張保單才算有保障？這個問題沒有標準答案，因為各人有各人的需求。先分析自己的需求，再想想自己有哪些夢想想要完成的，然後計算出適當的保險額度，才是最保險的具體做法。

足夠的保額、精省的保費，你可以這樣做

Q 保額愈高，保費應該也會愈高。那有什麼方法可以計算出保險的總需求額度，讓我們的保險費更加精省呢？

A 家庭的經濟需求是多方面的，包括生活支出、醫療保健、殘疾照護、退休安養等需求，不同的需求須透過不同類型的保單來將缺口補足。如果規劃的主要目的，是在提供被保險人轉嫁因自己死亡而應負擔責任的風險，例如遺族生活費、債務等，那麼，可以規劃足額的壽險來滿足前述的目的。

　　而儲蓄險的目的，則是在確保自己如果活得太久，至少能有一筆保險金可以運用，避免成為「下流老人」。針對壽險而言，常聽到的有：定期壽險、終身壽險、房貸壽險、儲蓄險這幾種品項，我們可以找到幾種適當的方法，計算出壽險的總保額，並且支付合宜的保費。目前有幾種常用的計算方法，包括家庭需要法、生命價值法、倍數法、定存法及遺產法等，簡單地介紹如下：

保額估算方式	概念
家庭需要法 （遺族需求法）	• 先計算出家庭各項需要的總數之後，再來決定保險總額 • 最能反映家庭財務需求額度（風險保障額度）
生命價值法	• 假設人身是有價值的，且價值因人而異 • 可算出被保險人可以存的錢大約有多少，以降低生命中的不確定性，把風險轉嫁給保險公司
倍數法	• 根據簡單的倍數表估算出打算留給遺族的保險金額，好讓遺屬度過非常時期 • 年紀愈輕，遺屬的平均餘命愈長，要為遺屬準備的錢也愈多 • 市場利率下降時，可自行增加倍數
定存法	• 可大略算出該為家人準備多少保險金額，讓遺屬可以依靠保險理賠金產生的「利息收入」過日子
遺產法	• 先粗估所需繳交的遺產稅金額，再用該遺產稅額作為約當的投保金額 • 可避免因無法及時取得完稅證明，造成分割繼承程序進行不順

⭐ 家庭需要法（又稱為遺族需求法）

這是一種需要先計算出家庭各項需要的總數之後，再來決定保險總額的方法，又稱為遺族需求法。

這個方法的特點是，假設萬一當意外事故發生時，為了維持遺族基本生活水準所需要的準備金總額；也就是當個人／家庭主要的經濟支柱發生死亡或殘廢等事故，因而造成經濟來源短缺之後，家庭尚且能夠維持原有經濟生活型態所需經費的數額。

由於家庭各項生活需求的樣態至為多樣，因此，計算起來也略為繁瑣，以下將詳列出計算步驟，讓讀者朋友們可以更容易明瞭而按圖索驥：

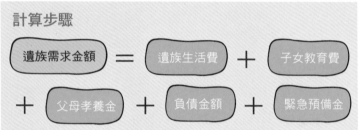

計算步驟

遺族需求金額 ＝ 遺族生活費 ＋ 子女教育費 ＋ 父母孝養金 ＋ 負債金額 ＋ 緊急預備金

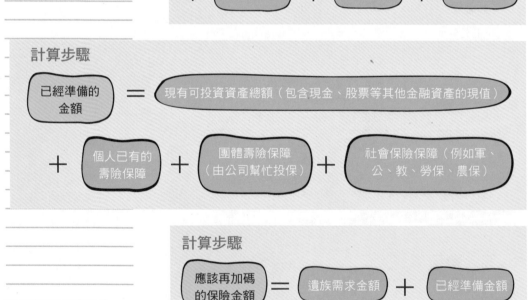

計算步驟

已經準備的金額 ＝ 現有可投資資產總額（包含現金、股票等其他金融資產的現值）＋ 個人已有的壽險保障 ＋ 團體壽險保障（由公司幫忙投保）＋ 社會保險保障（例如軍、公、教、勞保、農保）

計算步驟

應該再加碼的保險金額 ＝ 遺族需求金額 ＋ 已經準備金額

⭐ 生命價值法（人身價值法）

人的生命價值自然是無價的，但為了具體計算出如何適當地
將風險轉嫁給保險公司，因此，我們得假設人身是有價值
的，而且會因人而異。而本例的人身價值是指，個人在此之
後終其一生所能賺取的淨收入；也就是個人未來能夠賺到的
薪資收入扣除個人的基本開銷之總值。計算步驟如下：

一般認為會造成生命價值損失的原因有四項：

● 太早死亡

● 工作能力喪失

● 退休

● 失業

當我們以生命價值法計算保險金額時，還需注意到貨幣
的時間價值（也就是你現在手上的鈔票購買力，會隨著時間
的經過而減損），以能求取更精確的計算值；有些人甚至還
會將預期的通貨膨脹率、薪資成長率等因素加進來。讀者在
運用這個方法時，可視個人的狀況調整，以免高估或低估被
保險人的生命價值。

⭐ 倍數法

這是以簡單的倍數去估算出打算留給遺族的保險金額,以度過非常時期。這個方法的概念在於,如果家庭主要的經濟支柱突然間離世之後,透過保險的理賠金,還能夠給予遺屬一段緩衝時間,避免家庭失序。而這一段時間長短,得視個別家庭情況而定,通常約為 5 到 15 年;也就是需要遺留給家屬生活開銷的總金額,大約是年所得的 5 到 15 倍。

至於運用這個方法主要考量的因素,需要參考被保險人的年齡與家庭成員之狀況而定;當被保險人的年紀愈輕,遺屬的平均餘命就愈長,那麼所需要的準備金就應該要愈多,因此,倍數也應該要愈高。

利用簡單的倍數,就可以讓被保險人快速地算出一個大概的保險金額,是這個方法的主要特色。

年齡	保險金額估算	年齡	保險金額估算
16 ～ 30 歲	14 倍年所得	46 ～ 49 歲	9 倍年所得
31 ～ 35 歲	13 倍年所得	50 ～ 52 歲	8 倍年所得
35 ～ 40 歲	12 倍年所得	53 ～ 56 歲	6 倍年所得
41 ～ 45 歲	10 倍年所得	57 ～ 60 歲	4 倍年所得

⭐ 定存法

用定存法所計算出來的保險金額,是希望能夠讓遺屬可以依靠保險理賠金所產生的利息收入來過生活,避免當一個家庭的經濟支柱突然發生事故,導致收入中斷時,造成家庭經濟的失衡。畢竟保險的精神,就是要能夠避免家庭收入中斷的風險,而可以讓遺屬無後顧之憂。因此,只要評估出家庭之

支出狀況，就可以概算出該為家人投保多少保險金額（本金）了。其公式如下：

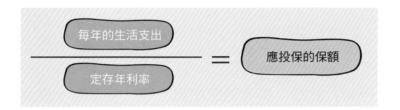

　　在 2022 年中之前，全球主要國家還沒有開始啟動升息循環的低利率時代，每年的定存利率多半在 1% 上下，如果用這個方法計算的話，可能會算出滿龐大的一筆數字。例如每年的家庭生活支出如果設定為 100 萬的話，按照 1% 的定存利率計算，應該投保的金額會高達 1 億！這麼高的保額所需要支付的保費，可能至少也要數十萬，就不是一般人可以負荷得了；因此，在使用這個方法估算保額時，就要注意到低定存利率的限制。

☆ 遺產法

有些高資產人士，因為所持有的多半都是非現金部位，例如不動產，或者是珠寶、古董、字畫等不易變現的資產，一旦長輩身故，晚輩雖能承襲鉅額的財富，但因沒有辦法及時繳交遺產稅，導致無法儘快取得完稅證明而使得分割繼承程序進行得不順遂。為了避免這種情形發生，可以先粗估所需繳交的遺產稅金額之後，再以該遺產稅額為約當的投保金額；一旦長輩身故，保險公司的理賠支票，就可以用來繳交遺產稅，而順利地分割繼承遺產了。換句話說：

應繳納的遺產稅　＝　應投保的金額

現在的遺產稅率已經從 10% 的單一稅率，調高到最高 20% 了，讀者朋友在計算應繳納遺產稅時，可以用保守的 20% 估算，會較為妥當些。關於保險與稅負規劃更進一步的說明，讀者可以參照本書〈第 1 天第 4 小時〉的內容。

行動方針❷：醫療險怎麼保？重大疾病險、重大傷病險，讓你很困惑？有家族病史，買保險要注意哪些事情？

Q 有了壽險的保障之後，要如何規劃醫療險？

A 在〈第 2 天第 2 小時〉的內容當中，我們知道，投保健康險的目的在於補貼當被保險人「不健康」時所導致的損失；然而實務上，造成不健康的原因，主要有疾病及意外傷害事故，而因「不健康」衍生之失能、長期照護及重大疾病也為健康險之一種。所以，要有相對完善的健康險方案，就可以從目前保險公司有提供的健康險種，找到適合自己或家人現階段需要的方案。

目前健康險常見的險種有：住院醫療險、傷害險、重大疾病險、癌症醫療險、失能險、長期照護險。既然保險的真諦，是要花最少的錢買到最高的保障，因此，如果不希望萬一生病、需要調養時，拖累家人，那麼健康醫療險當然得要納入必買清單。讀者朋友們在規劃時健康險時，可以視家中成員每個人的需求不同而隨之調整，應該要依照性別、年齡、職業、家庭及財務等層面評估另外，應該先掌握醫療險種的先後順序，再按部就班逐步完成。

❶ 基本保障一定要有

大多數的家庭，對於保費預算都有其限制；如果壽險保費，

已經吃掉家中某部分保費預算之後，在醫療險部分，建議可先投保定期醫療險、實支實付型醫療險。保障內容部分，應該要含括意外醫療、失能等部分，一旦因為疾病或意外，需要醫療照護，那麼從門診手術、住院、傷害醫療等衍生的治療費用，就可以部分轉嫁給保險公司。

❷ 強化醫療保障，可以加碼投保終身醫療險

定期醫療險畢竟有保障期間的限制，在經濟稍微寬裕時，可以考慮投保終身醫療險；尤其是 30 至 40 歲的青壯年族群，選擇 10 ～ 20 年繳費期間，可以保障終身的醫療險，算是 Ｃ／Ｐ值最高的一種投保策略。因為隨著年紀漸增，受傷和罹患慢性病的風險提高，未來進出醫院的頻率增加，所衍生的住院、手術等醫療費用也相對可觀，如果有終身醫療的保障，肯定可以提升治療品質、並減輕醫療費用的負擔。

❸ 依照家族病史量身打造醫療險

現代人衣食富足、也較注意養生，因此，平均餘命拉長；但是，隨著年齡增長，一些文命病也難保不會找上門來。特別是罹患慢性病，在醫療科技進步的時代，可能得花十數年治療，由此衍生的醫療與照護費用相當可觀。

為了減輕長期照護的沉重負擔，如果經濟條件更為寬裕，就可以參考家族病史，進一步地針對可能的重大疾病或癌症作規劃，這時候就可以透過防癌險，或是重大疾病險、重大傷病險、特定傷病險等保單補強，提高保障額度。這個策略是，藉由年輕時，每年支付保險費，在晚年罹病時，可以較低的自付額，獲得良好的醫療照顧。

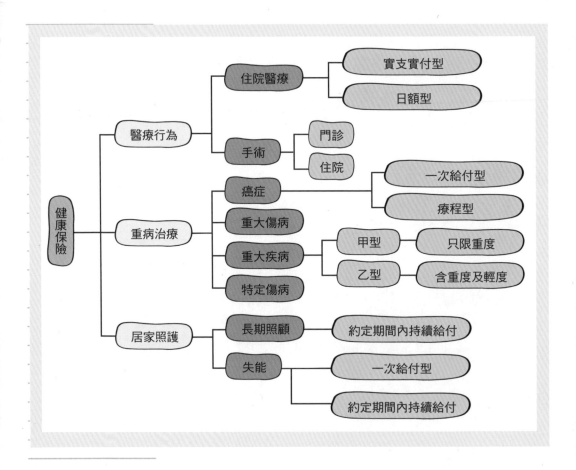

另外要注意的是，重大疾病險、重大傷病險、特定傷病險這三款保單的名稱很相似，但其實理賠內容各有千秋！讀者們只要掌握以下幾點，可以不用花冤枉錢，買到更妥適的保障！

☆ 重大疾病險

保障涵蓋範圍就是「重大疾病」──含癌症、急性心肌梗塞、冠狀動脈繞道手術、腦中風、慢性腎衰竭、癱瘓、重大器官移植手術等七項重大疾病。

理賠要件有：①醫生的診斷書證明；②患病程度須達到理賠門檻。

重大疾病險保單通常會涵蓋的七項重大疾病

癌症	有輕度、重度之分
急性心肌梗塞	有輕度、重度之分
冠狀動脈繞道手術	
腦中風後殘障	有輕度、重度之分
慢性腎衰竭	
癱瘓	有輕度、重度之分
重大器官移植手術（包括造血幹細胞移植）	

 重大疾病險的保障內容通常涵蓋七項重大疾病，但病況必須符合保單條款所述的條件，才能得到理賠！

☆ 重大傷病險

保障範圍主要是健康保險署核發的重大傷病卡疾病，共有 30 大類中的 22 大類、多達 300 多項；常見疾病像是癌症、燒燙傷、腦中風、重大器官移植、慢性精神病、洗腎、肝硬化等都有納入。

理賠要件有：①拿到重大傷病卡或者取得醫療院所的醫生診斷書；②符合 22 類中的疾病。因此，其理賠要件較「重大疾病險」更為明確，相對爭議也比較少。

INFO
- 以健保局定義的重大傷病範圍為準，但不含七類先天性疾病及一類職業病。
- 重大傷病險是目前理賠定義最清楚的險種。
- 八大項除外不保，包括：

❶遺傳性凝血因子缺乏	❺外皮之先天畸形
❷先天性新陳代謝異常疾病	❻先天性肌肉萎縮症
❸心、肺、胃腸、腎臟、神經、骨骼系統等之先天性畸形及染色體異常	❼早產兒所引起之神經、肌肉、骨骼、心臟、肺臟等之併發症
❹先天性免疫不全症	❽職業病

☆ 特定傷病險

108 年起統一正名為「嚴重特定傷病保險」，而且主管機關已將疾病的名稱與定義全部統一，基本上是保障 22 類嚴重的「特定傷病」，例如：阿茲海默症、帕金森氏症、心臟瓣膜開心手術等。但是，各家保險公司的保單內容有所差異，當納入保障的疾病愈多，保費相對也就愈貴。

理賠要件有：①醫生的診斷書證明；②患病程度須達到理賠門檻。

22 項嚴重特定傷病險保障項目

• 嚴重再生不良性貧血	• 嚴重運動神經元疾病	• 嚴重原發性肺動脈高血壓	• 嚴重克隆氏病或潰瘍性結腸炎
• 腦血管動脈瘤開顱手術	• 多發性硬化症	• 心臟瓣膜開心手術	• 嚴重全身性紅斑性狼瘡腎病變
• 急性腦炎併神經障礙後遺症	• 嚴重肌肉失養症	• 主動脈外科置換手術	• 嚴重類風濕性關節炎
• 嚴重阿茲海默氏症	• 脊髓灰質炎併神經障礙後遺症	• 慢性肝病合併肝衰竭	• 嚴重頭部創傷
• 嚴重巴金森氏症	• 良性腦腫瘤併神經障礙後遺症	• 病毒性猛暴性肝炎合併肝衰竭	• 深度昏迷
		• 嚴重肝硬化症	• 嚴重第 3 度燒燙傷

資料來源：金管會

金管會在 2019 年初將特定傷病保險商品之 22 項疾病項目及定義標準化，以減少因疾病項目（名稱）或定義而衍生之理賠爭議。而保險公司在設計特定傷病保險時，通常會把七項標準化的重大疾病及 22 項標準化的特定傷病作為保障範圍，所以雖然稱為「特定傷病險」，其實它涵蓋了重大疾病及特定傷病兩大項之標準化定義。

☆ 就理賠範圍而言

「重大傷病險」涵蓋範圍最廣，其次是「嚴重特定傷病險」，最後才是「重大疾病險」。

☆ 就理賠方式而言

這三種保單都是一次性理賠一筆保險金。

　　瞭解前述關於重大疾病險、重大傷病險以及特定傷病險這三款保單的簡要分析之後，如果患有家族遺傳疾病，甚至是罹患癌症的高危險群者，建議投保重大傷病險為佳；因為這款保單的理賠範圍最廣、理賠依據也最為明確，只要取得重大傷病卡就可以獲得理賠。至於另外兩者還得參照「醫師診斷證明」，再經由保險公司的理賠認定，就比較易產生理賠糾紛囉！

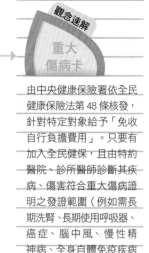

觀念詳解

重大傷病卡

由中央健康保險署依全民健康保險法第 48 條核發，針對特定對象給予「免收自行負擔費用」。只要有加入全民健保，且由特約醫院、診所醫師診斷其疾病、傷害符合重大傷病證明之發證範圍（例如需長期洗腎、長期使用呼吸器、癌症、腦中風、慢性精神病、全身自體免疫疾病等），即可親送或由院所透過健保資訊服務網申請重大傷病卡。

年齡	重大疾病險	重大傷病險	特定傷病險
理賠項目	7 項重大疾病	健康保險署核發的重大傷病卡疾病共有 30 大類中的 22 大類、多達 300 多項	22 類嚴重的「特定傷病」
理賠依據	醫生的診斷書證明 患病程度須達到理賠門檻	拿到重大傷病卡或者取得醫療院所的醫生診斷書 符合 22 類中的疾病	醫生的診斷書證明 患病程度須達到理賠門檻
保障範圍	最窄	最寬	中間
理賠方式	一次給付一筆保險金		

行動方針❸：意外險怎麼保？搞懂再下手，讓你不花冤枉錢！

Q 有了壽險跟醫療險之後，還要再規劃意外險嗎？

A 壽險、醫療險還有意外險提供的保障是不同的。大家常常聽到的說法，「明天跟意外不知道誰先到」，除了說明人事無常之外，也是要提醒大家，「意外」是沒有辦法預期的。如果意外帶來的是驚喜，自然受歡迎；但如果意外帶來的是傷害，就必須要考慮能不能夠轉嫁這個風險了。「意外傷害

險」就是在滿足金融消費者轉嫁意外所帶來的風險。

如同〈第 2 天第 3 小時〉所提到的，意外險，是保險公司針對意外事故提供理賠；而這裡所謂的意外事故，指的是不可預測、突然發生、非由疾病的事故所引起的傷害，保險公司衡量事實之後，才會理賠。這跟壽險還有醫療險的理賠定義是不一樣的。

既然天有不測風雲，人有旦夕禍福，意外險的保障當然不可或缺；一旦遭逢意外而造成人身傷害，衍生相關的醫療費用，有可能會造成家人「意外」的沉重負擔情況之下，規劃「意外傷害險」，才能避免「萬一」發生時的措手不及。

認知意外險可說是最貼近日常生活的險種之後，那麼應該怎麼投保呢？

如同我們在相關章節提到的，壽險公司跟產險公司都推出了各種意外險供保戶選擇，但是產險公司的商品特點就是「套餐形式」，所以，提供給你簡單好懂、便宜明確的選項，但很有可能不符合你個人的需求，錢沒有辦法花在刀口上；而壽險公司的商品特點就是「單點形式」，雖然保費較高，卻可以透過主約、附約形式的搭配，為自己及家人量身打造適合的險種。

意外險差異	優點	缺點
壽險公司	• 較少出現斷保的情形（部分商品有約定能夠保證續保） • 保戶可以專挑自己真正需要的項目	• 保費較高 • 沒有約定保證續保的商品，還是有被斷保的可能
產險公司	• 保費較便宜 • 保障較高，理賠較高 • 保障項目較多	• 項目愈多，保費可能隨著增高 • 理賠次數增加時，能否續保有疑慮；保戶發生萬一時，如果是在無法續保的狀態，還是領不到任何理賠的喔！

以下我們把一般人／家庭區分成三大類型，舉例說明可以怎麼單點搭配，效果會比較好。

⭐ 上班族

因為需要每日通勤，為了將可能的交通風險降低，可以選擇「意外險身故主約＋特定意外身故附約」的組合，萬一遇上交通意外事故，也可以有一筆身故保險金遺愛家人，確保家人能夠有一段時間的生活經費不虞匱乏。

⭐ 居家族

可以採取「意外險身故主約＋燒燙傷附約」的組合。

除了有主約的形式之外，因為家中常見的意外事故中，以燒燙傷所造成的後遺症最多，花費也是最高，因此，可以採取加上燒燙傷附約的形式，降低可能的經濟衝擊。

☆ 陽光族

如果熱愛戶外活動，擔心登山、郊遊或跑步可能帶來受傷、骨折意外的話，可以選擇「意外險身故主約＋骨折傷害附約」的組合。

假設保費預算有限的話，也可以採取「定期意外險」的形式，先有基本保障，未來經濟較為寬裕之後，再來決定是否改投保「終身意外險」。

行動方針❹：人生各階段的保險商品這樣規劃，學起來！

Ｑ 保險的確很重要，但是每一個人終其一生，會經歷過很多不同的階段，這些不同的階段，是不是應該也要有不同的保險組合呢？

Ａ 我們每個人終其一生會經歷很多階段，例如：撫育期、單身期、築巢期、滿巢期與空巢期。在「撫育期」階段，必須仰賴父母照顧，因此，風險規劃的工作會由父母處理。從「單身期」起，也就是從自己開始工作，有了收入開始，就應該為自己妥善作好財富管理與風險管理。但是剛踏入社會的年輕人，通常收入較低且不穩定，能夠支應的保費預算也

不高。而在這個階段所面臨較大的風險，大致屬於意外事故，所以在保險的規劃上，應該就要選擇較低保費、較高保障的保險商品為主。

在脫離單身階段、步入婚姻之後，我們稱之為進入了「築巢期」階段，在這個階段裡，所應該考慮的風險又與前兩個階段不同；在此時期最重要的風險規劃，應該著眼於如何維持家庭的財務安全，避免收入因為某些意外事故而中斷，自然應該以增加保障為主。

隨著小孩的誕生，以及逐漸地長大，漸漸地進入了「滿巢期」。在這個階段，多半都是個人事業邁向巔峰期，通常也是經濟狀況最佳的時候；但隨之而來的負擔也會比較重，例如可能背負著各種貸款（例如房貸或車貸），還有需要負擔子女教養費用等。由於處在人生各個階段當中的負擔是最重的時刻，因此，最重要的，就在於勉力維持收入不至於中斷；但也因為退休在即，應該也要開始著手籌措退休準備金。因此，建議的風險規劃方向，仍然是以增加保障為主軸；如果能力所及，可以藉由保險同步考量子女的高等教育金、以及退休規劃準備金等。

等到兒女逐漸長大，也外出求學、就業，並且獨立成家立業之後，那麼就開始進入所謂的「空巢期」階段。這時候，以往的經濟負擔逐漸減輕；因此，可以適當地降低保障，節省保費；另外，還可以考量年金險以因應長壽的風險；以及可以加保為了將來可有完善醫療措施的長期照護險等，應是這一個「空巢期」階段規劃之方向。

我們將人生各階段與適合保險商品的可能規劃方案整理如下表，供讀者參考。

人生各階段與適合的保險商品規劃表

階段	適合商品	說明
單身期	①定期壽險 ②傷害保險 ③醫療保險 ④防癌健康保險 ⑤終身壽險	單身期主要是指社會新鮮人以及單身貴族。在此階段，保險規劃之目的主要是以保障為主；但因健保愈來愈陽春，需要再搭配住院醫療保險、防癌健康保險等，以補健保之不足
築巢期	①定期壽險 ②終身壽險 ③傷害保險 ④醫療保險 ⑤失能保險 ⑥投資型保單	築巢期這個階段，主要是以剛成家之新婚夫妻為主，由於是男女主人事業剛起步期間，保險規劃應以低保費高保障之壽險、傷害保險為原則。 另需額外規劃萬一不幸因為疾病或意外而喪失工作能力時，可以由失能保險提供保障，以減輕家人的經濟負擔。
滿巢期	①定期壽險 ②終身壽險 ③傷害保險 ④生存保險 ⑤生死合險 ⑥年金保險 ⑦醫療險／防癌健康保險	滿巢期將特別重視家庭經濟支柱的保障，保險規劃應為全方位的考量，除了對家庭的重責大任需要透過壽險來規劃，以轉嫁萬一收入中斷的風險之外，關於子女的高等教育準備金，以及自己將來的退休金，也應開始著手規劃。
空巢期	①年金保險 ②重大疾病保險 ③長期看護保險 ④殘扶險 ⑤生死合險	在經歷過滿巢期之後的空巢期，其經濟基礎漸趨穩定，這時退休後的生涯規劃議題迫在眉睫，因此，保險規劃的方向，應以退休後的生活費用以及醫療費用為主。

行動方針❺：保費精打細算，算盤這樣打！

Q 規劃的方案已經知道了，那麼保費支出的預算提撥，有沒有需要注意的事項呢？

A 前面已經說明了要如何決定投保金額，規劃保單，接下來關於適當的保費預算的方法，我們將提供以下三種考量方式，供讀者們參考：

☆ 三七分配法

這是指保費約佔年度所得扣掉生活費用的餘額的三成左右，這樣繳起保費來，比較不會有負擔；至於是三成還是三成五，或者是其他的分配比率，可以視個人的狀況而彈性調整。

年所得－生活費用支出 ✕ 分配比率（30% 或 35%）＝ 可購買保險的支出

☆ 年所得十分之一法

這個方法相對較為簡單明瞭，總保費的支出，只要不超過年所得的十分之一，應該都不至於有太大的負擔，不會排擠到其他資產配置所需的資金。

年所得 ✕ 1/10 ＝ 可購買保險的支出

☆ 定額比率法

這個方法是考慮到各種不同的險種在不同的階段，分別有不同的重要性。首先，可以將保險分成保障型（一般傳統的壽險）的保費支出，或者是理財型（例如投資型保單）的保費支出，之後，再按以下建議的比率分配保費：

❶ 保障型保險費支出：占個人或家庭可支配所得的 6% ～ 10% 為宜。

❷ 理財型保險費支出：占個人或家庭可支配所得的 20% ～ 30% 較好。

險種	保險費預算
保障型保險 （定期壽險、小額終老險等）	6% ～ 10% 的個人或家庭可支配所得
理財型保險 （變額壽險、變額萬能壽險等）	20% ～ 30% 的個人或家庭可支配所得

　　以上關於保費的估算方法，還是得視個人的經濟情況及所需保障而定，不能一體適用。

　　同時提醒各位，千萬不要為了節省保費，沒有經過深思熟慮就貿然投保；也不要聽信了保險業務員的話術，買了一些當下沒有迫切需要的保單。當然，那種「有保就好」的心態，也是需要調整的。

課後心得
重點整理

升息、降息都不怕，利變型壽險這麼夯，不必糾結要不要解約！

買了利變型保單本來是要當成退休金的來源，怎地會因為降息，就讓人牽著鼻子走，說要解約？2022 年之後，美國開始啟動升息循環了，業務員又建議我要加買一張？利變型保單變變變，讓人真困擾！──你買保險是在買「保障」，還是在買「報酬率」？認清楚目的，升降息、要不要解約，都不會是問題！

> ・「以退休之名」買保單，卻因為降息想要解約？升息時，又建議我加碼？
> ・利變型 VS. 非利變型保單，差別只在宣告利率
> ・宣告利率並非基本保障的一環，而是額外多出來的回饋金
> ・利變型壽險，「利」是會「變」的，沒有保證這回事！
> ・你是在買保障？還是買「增額回饋分享金」？保險是為了保障，不是獲利！

「以退休之名」買保單，卻因為降息想要解約？升息時，又建議我加碼？

Q 利變型壽險保單熱賣，聽說也可以當成退休規劃的工具，是不是也要湊熱鬧去跟買一張？

A 利變型壽險保單之所以熱賣，應該跟年金改革有關。很多讀者們應該都有注意到訊息，就是政府目前規劃的改革方向，都朝向讓未來軍、公、教、勞、農保的退休金給付縮減，避免相關的保險機制因為入不敷出而破產。因此，敏感度較高的民眾，就會想要未雨綢繆地利用其他的理財工具，預先替自己準備一筆退休金。

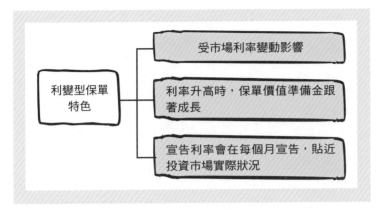

就目前的市調結果，民眾認為退休規劃的理想工具，首選的前兩名不是銀行定存，就是保單。然而近幾年來，定存的收益極低，就算 2022 年開始啟動升息循環，預計若干年之後，也還是抗不了通膨！因此，要以定存當成退休金來源準備的想法，已漸為民眾所淘汰，再加上對金融機構來說，民眾存定存並沒有手續費收入的挹注，他們當然也不會主動推薦存定存給民眾了。

那麼，「以退休之名」的理財工具，就剩下保單了。而各式各樣的保單當中，又以利變型壽險為兼具保障與收益的共主，不僅銀行的理專會「建議」客戶將定存「轉」出來買保單，連應該是以提供保障規劃為主的保險業務員，也積極地以「類定存」的名義，搶攻錢滿為患的濫頭寸。於是連續幾年，這種利變型壽險的吸金程度相當驚人，除了驚動主管機關一再地呼籲民眾要注意自身的保障需求規劃之外，甚至還動用到修法，要保險公司提高這種保單的保障成分——換句話說，未來相關的險種勢必將會變得更貴。

 金管會在 2014 年 9 月出手控管利變型保單，主要是針對體質不佳、資金運用不佳的保險業者，以避免日後產生財務負擔。此番管理的重點有二：

❶ 解約費用至少收六年，且各年的解約費用率至少 1%

➡ 拉高提前解約的成本，降低利變型壽險作為短期儲蓄的功能

❷ 前十年增額回饋金只能用於抵繳保費或是增購保額

➡ 增額回饋金不能創造複利滾存效果，失去「類定存」功能，也無法固定配息

利變型 vs. 非利變型保單，差別只在宣告利率

Q 利變型壽險保單的「報酬率」聽說也很高，適合當成定存的替代品嗎？

A 利變型壽險有好長一段時間成為定存的替代品，也曾經讓保險公司「吸金」吸到滿、吸到飽。但是，當利率反轉向下之際，又聽說很多利變型壽險的保戶想要解約；而一旦開始啟動升息循環了，也有聽聞要加碼利變型壽險的建議。關於利變型壽險是什麼樣的商品？又為何會在利率走跌的時候，讓保戶一片哀號，市場上瀰漫解約風潮？然後在美國聯準會帶頭啟動升息循環，而且還是「升升不息」時，利變型壽險又開始炙手可熱！？不是要當成退休規劃的工具嗎？這是一種長期的資產配置格局，怎麼會如此禁不住降息的衝擊以及升息的誘惑呢？

要解答這些問題之前，我們先來解構利變型壽險。

利變型壽險是傳統保險的一種，除了有保單的預定利率之外，還多了一個宣告利率。「預定利率」可以確保該張保單有最低收益；「宣告利率」則是來自保險公司運用保費所產生的收益，可以跟保戶分享「回饋金」，讓保戶有機會得到更高的報酬！

為了可以清楚分析起見，我們再把這兩個名詞簡單說明如下：

❶預定利率：預定利率是在投保時，保險公司允諾給保戶的一個保證利率，不得隨意變更。

❷宣告利率：為一浮動利率。保險公司運用保費，所獲得的投資報酬率，保險公司將會扣除相關成本及費用後，依比例計算回饋金給保戶。由於投資報酬率會隨著市況而改變，因此，宣告利率也是浮動的。各家保險公司會在網頁等公開資訊中，按期（每年或每月）宣告此一利率（更多的說明，請參閱〈第3天第1小時〉的內容）。

- 利變型壽險用來計算保額和保單價值準備金的依據，除了固定的預定利率，也會納入宣告利率。
- 利變型壽險的宣告利率，不等於投資報酬率。
- 增值回饋分享金的運用方式，會牽動保險保障的多少。

瞭解這兩個名詞之後，可以知道，保單的 IRR（內部報酬率）會隨著市況而變動；如果市況不好，在扣除相關費用之後，IRR 甚至還有可能低於銀行定存的利率。

而回饋金的來源，是來自於宣告利率減掉預定利率之後的利差，再乘上該年度期末的保單價值準備金，才是保戶能分配到的增值回饋分享金。所以，一旦市況不好，宣告利率逐步地調降，但是早期定下來的預定利率還是很高的時候，回饋金的空間就會被壓縮，甚至是零（當宣告利率小於預定利率時）。

再者，不管是哪一種保單，保險公司都會收取必要的保險成本以及附加費用，再加上保險公司網站上的宣告利率數字，也無法保證「看得到也吃得到」。因此，要把保單當成

是定存的替代品，或者把看到的保單利率，當成是唾手可得的報酬率，都不是正確的理財觀念。

傳統型壽險與利變型壽險的比較

項目	傳統型壽險	利變型壽險
增值回饋分享金	無此設計	保戶可將增值回饋金領現，或併入保單價值、增購保額、或者增額繳清
與利率升降的關聯程度	保單預定利率一開始就固定，未來利率升降，預定利率都不會改變	增值回饋分享金的多寡，會受到宣告利率高低的影響；升息時，保戶可能享有較高的額外收益
參與分配保險公司的獲利程度	無法分享保險公司的收益	會反映在宣告利率上，但是宣告利率之數字並非保證，會受到市況影響
適合購買的族群	①保守穩健，只想以固定保費取得固定保額的保戶 ②不願意多付一點保費，換取額外收益的人 ③預期未來市場利率不會比現在的預定利率來得高者	①穩健積極，不甘被低利率「綁定」的投資人。目前規定：宣告利率有下限，不得低於預定利率，因此有進可攻、退可守的好處 ②希望藉由多支付些許保費，可以參與保險公司的獲利分潤、以提高保額或增加現金給付者
注意事項	若未來市場利率較現在為高，保費將會變貴	短期會被保險公司收取較多的附加費用，不適合作為短期定存的替代品

中國人壽

中國人壽美利旺美元利率變動型終身壽險（定期給付型）
CP001M G000078 P000155

增值回饋分享金通知

列印日期：111年05月26日
保單號碼：N0207307
被保險人：張元慈
起保日期：107/06/25
投保金額：18,800
幣　別：美元

保單週年日　111/06/25　，第　04　保單年度末增值回饋分享金明細：

增值回饋分享金給付方式	增額繳清
目前給付管道：	
本年度計算增值回饋分享金宣告利率(1)	2.90%
本契約預定利率(2)	2.50%
本年度期末保單價值準備金(3)	19,376.00
本年度增值回饋分享金應給付金額(4)=[(1)-(2)]×(3)	78
預估本年度增值回饋分享金轉購之增額繳清保額	30
累計至上年度末增值回饋分享金已轉購之增額繳清保額	69

相關說明：
- 增值回饋分享金：各保單年度之增值回饋分享金，係指於本契約有效期間內每一保單年度屆滿被保險人仍生存時，按本契約各該年度期初當月之宣告利率減去本契約之預定利率之差值，乘以各該年度「期末保單價值準備金」後所得之金額。
  上述說明中宣告利率若低於本契約之預定利率，則以本契約預定利率為準。
- 給付方式選擇儲存生息，本公司將按各該年度期初當月之宣告利率，以年複利方式儲存生息。
- 若當年度之給付金額不足美元100　元者，當年度應給付金額本公司改採「儲存生息方式」處理。
- 實際給付金額以應給付日當天保單狀況及金額為準。

- 給付方式選擇增額繳清者，「預估本年度末新增之增額繳清保額」僅供參考，實際保額以保單週年日當天購買之保額為準。
- 被保險人保險年齡到達16歲保單週年日前後，其增值回饋分享金處理方式詳條款說明。
- 上列投保金額係指本契約投保時之保險金額，若該金額有所變更時，以變更後之金額為準。

中國人壽

中國人壽美利旺美元利率變動型終身壽險（定期給付型）
CP001M G000078 P000155

增值回饋分享金通知

列印日期：111年05月26日
保單號碼：N0207307
被保險人：張元慈
起保日期：107/06/25
投保金額：18,800
幣　別：美元

保單週年日　111/06/25　，第　04　保單年度末增值回饋分享金明細：

增值回饋分享金給付方式	增額繳清
目前給付管道：	
本年度計算增值回饋分享金宣告利率(1)	2.90%
本契約預定利率(2)	2.50%
本年度期末保單價值準備金(3)	19,376.00
本年度增值回饋分享金應給付金額(4)=[(1)-(2)]×(3)	78
預估本年度增值回饋分享金轉購之增額繳清保額	30
累計至上年度末增值回饋分享金已轉購之增額繳清保額	69

相關說明：
- 增值回饋分享金：各保單年度之增值回饋分享金，係指於本契約有效期間內每一保單年度屆滿被保險人仍生存時，按本契約各該年度期初當月之宣告利率減去本契約之預定利率之差值，乘以各該年度「期末保單價值準備金」後所得之金額。
  上述說明中宣告利率若低於本契約之預定利率，則以本契約預定利率為準。
- 給付方式選擇儲存生息，本公司將按各該年度期初當月之宣告利率，以年複利方式儲存生息。
- 若當年度之給付金額不足美元100　元者，當年度應給付金額本公司改採「儲存生息方式」處理。
- 實際給付金額以應給付日當天保單狀況及金額為準。

- 給付方式選擇增額繳清者，「預估本年度末新增之增額繳清保額」僅供參考，實際保額以保單週年日當天購買之保額為準。
- 被保險人保險年齡到達16歲保單週年日前後，其增值回饋分享金處理方式詳條款說明。
- 上列投保金額係指本契約投保時之保險金額，若該金額有所變更時，以變更後之金額為準。

資料來源：中國人壽保單

宣告利率並非基本保障的一環，而是額外多出來的回饋金

Q 利變型壽險保單還有許多分身，哪些險種比較適合搭配退休規劃？

A 因為近幾年的利率一直偏低，讓保險公司有機可乘，連續推出多種利率變動型的保險商品，企圖吸引不想存定存的投資人。而當 2022 年，美國開始啟動升息循環之後，保險公司當然更可以大作文章，強調宣告利率將會有更好的預期心理。保險公司往往會以在市場利率之外，再多加一筆「保險公司的投資績效」的「分潤」來吸引保戶——而後者的「分潤率」就是宣告利率。

利變型壽險，「利」是會「變」的，沒有「保證」這回事！

目前，適用於宣告利率的保單有利率變動型年金險（簡稱「利變年金」）、利率變動型壽險（簡稱「利變壽險」），以及利率變動型增額（還本）壽險等。至於上述險種各有哪些特色？適合運用在什麼情境？簡單介紹如下：

☆ 利率變動型年金險
❶ 商品說明

根據主管機關的定義，利率變動型年金險是指：在年金累積期間，保險公司依據要保人交付之保險費，減去附加費用（多半是躉繳保險費之百分之零點五，有時甚至更高）後，依宣告利率計算年金保單價值準備金；年金給付開始時，則按照年金保單價值準備金，去計算年金金額。

❷ 適用族群

如果是將屆退休，並已經累積有一筆存款的保戶，可以考慮利率變動型年金險，並且採取<u>即期年金</u>（投保後立即享有年金給付）的方式，為自己創造退休後的現金流；而年金給付的週期，可以依照個人的需求選擇月、季、半年或年為單位。通常在年金給付的保證期間（視投保年齡而定，請參照下表），會保證所領回的總金額不低於所繳保費；而保證期間屆滿後，則是會讓保戶活多久、領多久，也就是領到往生，不用擔心長壽風險，進而達到退休規劃的基本目的。

觀念速解

即期年金

年金險依照時間分為前期資金「累積期」和後期年金「給付期」；沒有累積期直接進入年金給付的稱為即期年金，有累積期的稱為遞延年金。

年金給付保證期間表

投保年齡	保證期間(年)		投保年齡	保證期間(年)	
	男性	女性		男性	女性
0	48	50	41	34	36
1	48	50	42	34	36
2	48	49	43	33	35
3	47	49	44	33	35
4	47	49	45	33	35
5	47	49	46	32	34
6	47	48	47	32	34
7	46	48	48	31	33
8	46	48	49	31	33
9	46	47	50	31	32
10	45	47	51	30	32

資料來源：中國人壽樂活利率變動型即期年金保險

❸ 注意事項

※ **本商品對於利率很敏感。**

　　利變型年金險最大的缺點，就是年金金額的計算會受制於利率的變動（參看以下說明）；當你繳完保費，開始領取年金的當時，如果利率開始調降，那麼你能夠領到的年金，就會不如預期；反之，若是利率開始調升，那麼你能夠領到的年金，就會高於預期。

關於年金金額的計算：

● 給付期間第二年度開始，每年可領取之年金金額係以前一年度可領取之年金金額乘以當年度「調整係數」而得之。

● 前項所稱調整係數等於（1+ 前一保單週年日當月宣告利率）除以（1+ 預定利率）；本公司於每年保單週年日，以約定方式通知當年度之調整係數。

資料來源：中國人壽樂活利率變動型即期年金保險

※ 提前解約會有損失

利變型年金險若想要提前解約，本金會有所損失；相較於定存的提前解約，本金可以完好無缺的領回來，頂多是利息被打八折，就這點，利變型年金險是被定存完敗的。更何況一旦等到開始領年金之後，更是完全無法解約的。

險種	利變型年金保險	利變型即期年金保險
特色	・累積期間內，依保險公司之宣告利率來計算年金保單帳戶價值 ・宣告利率愈高，累積的保單價值準備金愈高 ・可選擇一次給付或是分期給付	・一次躉繳，投保後即開始進入年金給付期 ・透過利率變動機制，累積該保單年度的年金金額

	傳統年金險	利變型年金險	變額年金險
類型	繳交保費後，可開始領取年金	經過一段年金累積期間後，才開始領取年金	經過一段年金累積期間後，才開始領取年金
保單價值累積	依固定利率	依保險公司的宣告利率進行滾存	依投資標的之投資績效
特色	・即繳即領 ・利率固定	・非即繳即領 ・宣告利率是浮動的	・非即繳即領 ・有虧損可能，保戶必須自負投資風險

☆ 利變型終身壽險

❶ 商品說明

利變型終身壽險也就是俗稱的儲蓄險。保戶有機會享有增值回饋分享金，並可以自行決定是選擇現金領回，或是以購買保額、儲存升息的方式來增值；這是一種可以兼顧保障需求並穩健累積資產的保單。

❷ 適用族群

由於利變型終身壽險的增值回饋分享金來自於宣告利率，當市況好的時候，這部分就具有增值空間；就算在市況差的時候，一樣享有最低保證利率。這種商品頗適合想要獲取遠比定存報酬來得高，又不想要損失本金，風險屬性屬於穩定保守的保戶。

❸ 注意事項

由於利變型保單的分紅得要「看天吃飯」，因此，分紅的穩定度是沒有任何一家保險公司可以承諾擔保的。如果保險公司在過去一年的投資績效不錯，宣告利率較高，自然就可以分到較高的紅利；反之，紅利就較少。

因此，對於保戶而言，能不能分紅、增值回饋分享金是否持續穩定，端看所投保的保險公司的投資績效——這也可以作為選擇投保哪家保險公司的利變型保單的原則。

關於宣告利率的資訊，可以在該保險公司的網站查詢得知。

各期宣告利率釋例

年＼月	【2TISE3】南山人壽年年豐收利率變動型還本終身保險（定期給付型）											
	1月	2月	3月	4月	5月	6月	7月	8月	9月	10月	11月	12月
107年度	2.66%	2.66%	2.66%	2.66%	2.66%	2.66%	2.66%	2.66%	2.66%	2.66%	2.66%	2.66%
108年度	2.66%	2.66%	2.66%	2.66%	2.66%	2.66%	2.50%	2.50%	2.30%	2.30%	2.30%	2.30%
109年度	2.15%	2.15%	2.15%	1.90%	1.90%	1.90%	1.80%	1.80%	1.80%	1.80%	1.80%	1.80%
110年度	1.80%	1.80%	1.80%	1.80%	1.80%	1.80%	1.80%	1.80%	1.80%	1.80%	1.80%	1.80%
111年度	1.80%	1.80%	1.80%	1.80%	1.80%							

資料來源：南山人壽年年豐收利率變動型還本終身保險

國泰人壽多鑽還本利率變動型終身保險(險別代號:SS)

宣告年	宣告月	宣告利率(%)	特定年度加值利率(%)
111	5	1.45	--
111	4	1.45	--
111	3	1.45	--
111	2	1.45	--
111	1	1.45	--
110	12	1.45	--
110	11	1.45	--
110	10	1.45	--
110	9	1.45	--
110	8	1.45	--
110	7	1.45	--
110	6	1.45	--

資料來源：國泰人壽多鑽還本利率變動型終身保險

類型	利變型增額終身壽險	利變型年金
預定利率	投保時即確定	投保時即確定
宣告利率	隨市況而變	隨市況而變
特色	・依預定利率規劃保單架構 ・依宣告利率計算增值回饋金	年金累積期間，保險公司依據要保人交付之保險費，減去附加費用後，依宣告利率計算年金保單價值準備金；年金給付開始時，依年金保單價值準備金，計算年金金額。

☆ 利變型還本險

❶ 商品說明

這張險種的特色，是標榜在投保後，自第一個保單週年日起，就可以開始每年領到生存保險金，為未來的退休生活打造穩定的現金流，甚至還可以藉由保險公司每個月固定給付的方式，享有「月退俸」的好處。此外，每年還有機會享有增值回饋分享金。

❷ 適用族群

這個商品頗適合想要自己規劃退休金來源，或者彌補原有的退休金給付相對較少、風險屬性保守的保戶。

❸ 注意事項

就跟利變型終身壽險一樣，利變型還本險的分紅，也得要「看天吃飯」。因此，市面上琳瑯滿目的同質商品的選擇，可以用分紅的穩定度作為挑選的原則。

還本型的保單通常會在第一年末後、保戶的生存期間，逐年另外給付生存還本金（約為累積所繳保費的 1% ～ 2%）。但要特別注意的是，還本金的來源也有可能是本金；也就是說，還本金的多寡和該保單的報酬率好壞，並沒有直接關聯，反而是領太多的還本金，本金依宣告利率年複率增值的效果會大打折扣。

　　如果讀者朋友是著眼於退休規劃，寄望退休後可以領取固定生活費用的角度來看，那麼以上三種利變型保單中，又以利率變動型年金險以及利率變動型還本壽險，較能符合以上的條件。

你是在買保障？還是買增額回饋分享金？保險是為了保障，不是獲利！

Q 之前國際情勢不佳，各國都在降息。有人就在問：之前買的利變型壽險保單要解約嗎？可是等到啟動升息循環，又有人開始鼓吹要加碼買進這種商品……

A 利變型壽險之所以受到大家歡迎，主要是利變型壽險在下檔提供了預定利率的最低保證，往上又有宣告利率可供期待，對於風險承受度低，較為保守的投資人來說，是值得考慮的儲蓄險類型。

然而當經濟情況不好，各國啟動寬鬆的貨幣政策救市時，面對指標利率直直落，壽險公司為了反映市場的低利率情況，會陸續公告調降宣告利率。這時候，就有人開始著急地想要知道，之前買的利變型壽險保單，是否需要解約？

如同前面我們在說明保單特色時所講的，基本上，任何一張保單如果提前解約，都一定會有所損失，尤其是利變型壽險保單這種有很大「儲蓄」成分的險種。更何況，我們買保單是基於長期的規劃，也計畫長期持有，並不會因為短暫幾年利率走跌的趨勢，就揚棄當初幾經考慮之後買保單的初衷本意。

基於此，我們就來看看，如果不解約的話，我們會面臨哪些情況？

❶ 增值回饋分享金將會縮水

由於宣告利率調降，但是預定利率還是在當時你買保單時的相對高點，那麼增值回饋分享金的空間就會被壓縮。即便如此，在目前宣告利率還有 1.5% 的水準，比起一年期定存只有約 1.06%（參看右頁表格），還是勝出的。

如果有人買了利變型壽險保單，因為利率變動的因素想要解約的話，可以問問自己這些問題：如果你要解約，將會

損失多少解約金？解約之後的資金，打算放哪裡呢？如果答案是放定存，那你還是打消這個念頭吧！

🖥 掛牌日期：2022/05/28				實施日期：2022/05/10	
類別	**期別**		**利率(年息%)**		
		金額	**機動利率**	**固定利率**	
定期儲蓄存款	三年	一般	1.155	1.115	
		五百萬元(含)以上	0.290	0.280	
	二年～未滿三年	一般	1.125	1.085	
		五百萬元(含)以上	0.260	0.250	
	一年～未滿二年	一般	1.090	1.070	
		五百萬元(含)以上	0.240	0.230	
定期存款	三年	一般	1.115	1.065	
		五百萬元(含)以上	0.290	0.280	
	二年～未滿三年	一般	1.100	1.050	
		五百萬元(含)以上	0.260	0.250	
	一年～未滿二年	一般	1.065	1.035	
		五百萬元(含)以上	0.240	0.230	
	九個月～未滿十二個月	一般	0.950	0.900	
		五百萬元(含)以上	0.200	0.190	
	六個月～未滿九個月	一般	0.835	0.785	
		五百萬元(含)以上	0.170	0.160	
	三個月～未滿六個月	一般	0.660	0.630	
		五百萬元(含)以上	0.140	0.130	
	一個月～未滿三個月	一般	0.600	0.600	
		五百萬元(含)以上	0.110	0.110	

類別	**利率(年息%)**				
活期存款利率	0.080				
活期儲蓄存款利率	0.200				
薪資轉帳活期儲蓄存款	0.250				
證券戶活期儲蓄存款	0.030				
信用卡循環信用差別利率	5.066	7.066	8.066	9.066	11.066
基準利率(按月)	2.616				
基準利率(按季)	2.616				
定儲利率指數(按月)	1.090				
定儲利率指數(按季)	0.816				
中華郵政一年期定期儲金機動利率(未達五百萬元)	1.060				

資料來源：臺灣銀行新臺幣存款牌告利率

❷ 身故保障可能減少

宣告利率在調降之後，增值回饋金自然會縮水；但是一般保險公司對於增值回饋金會有四種給付方式，也就是：

現金給付	直接給付現金
抵繳保費	用來支付當期保費，所需要繳交的保費會減少
儲存生息	不領出，在原保單內繼續複利累積增值
增購保額	不領出，在原保單內增加保額

如果保戶投保的是有壽險保障的利變型保單，並且勾選「增購保額」，那麼當增值回饋金隨著宣告利率調降而減少時，用來購買保額的資金來源變少，保障增值自然會比預期來得少。但這也只是增加的幅度比較少而已，相較於解約之後，保障歸零，其間的利害關係自是不言可喻。當然，隨著景氣落底、開始啟動升息循環之後，增值回饋金也會開始提高了。

❸ 至少還有預定利率保底

有人形容：預定利率跟宣告利率，其實就像銀行定存有固定利率跟機動利率的概念相類似。預定利率就類似於固定利率，不管市場的利率如何變動，在購買保險、契約成立當下的利率多少就是多少，已經固定下來；宣告利率就好比是機動利率，會隨著市場利率而波動起伏。

由前面的說明我們知道，利變型保單的商品報酬結構是：預定利率＋宣告利率，因此，就算利率走跌而讓宣告利率調降到幾近於 0，那麼利變型保單至少還有預定利率當作保底，而不至於是 0！以臺幣利變型保單的預定利率來看，歷史新低也都還有 1% ～ 1.3%，美金計價也都可以到 1.4% ～ 2.05%。這樣的報酬率水準也不是定存可比的！更何況，景氣循環一旦落底往上，宣告利率跟著指標利率往上調升的同時，當初的悲觀，也會轉向樂觀了。

不過也要提醒大家，即便仍有較高的預定利率保底，萬一保險公司使了「心機」，調高了附加費用率，那麼相減之後的利率，還是會靠向零軸喔！

最後要提醒讀者的是，投保利變型保險，還是要以保障為主、存錢或報酬率為輔。因為以存錢或報酬率為目的的商品有很多種，但是保障規劃，卻是只有保單可以遂行目標。尤其是在 2022 年全球主要國家的央行開始啟動升息循環之

後，宣告利率逐步提高，這對於已經買到利變型保單的保戶來說，雖然是好事，但要提醒讀者的是，如果只是因為利率「升升不息」的誘因，就積極想要買進利變型保單的話，恐怕得要注意保險公司不恰當的行銷方式了。因為，已經有保險公司在美國聯準會還沒有「鷹派升息」之前，竟然就對潛在保戶「預知」（也是「預支」）較高的宣告利率，藉以提高買氣！而這樣偷跑的做法，也讓金管會盯上，從 2022 年 8 月之後，開始對保險公司金檢，也喧騰一時。這用意是在避免保戶因為這種「預先式」升息的錯誤預期，而買進不符合需求的保險商品！

而讀者們如果還是想透過利變型保單來累積資產，也不建議你在投保後，只是因為短期的降息、增值回饋金減少就想要解約；不妨將時間拉長，或者是以不同幣別計價的商品做好資產配置。長此以往，不但兼顧了保障、收益，還可以為自己退休以後的日子，預先籌謀好一座金庫，預約富足、無憂的「晚美」歲月！

> 由於幾乎所有的壽險業者都在銷售利變型保單，金融監督管理委員會檢查局這波金檢，將鎖定利變型保單保費收入高、宣告利率調幅大的壽險業者。
> 金檢重點將放在：宣告利率計算公式的合理性、報酬率、是否用尚未發生的收益來反映利率（預先升息）、是否已完整評估商品定價利潤分析等項目。

旅平險、防疫險竟然可以在產險公司買？產險、壽險商品這樣搭！

產險公司的商品包羅萬象，除了上山下海的保障可以找它，現在，連毛小孩的保障需求都照顧到了！甚至，產險公司也推出多種醫療跟意外險的保單，開始跟壽險公司搶食大餅。琳瑯滿目的商品，要怎麼搭配 CP 值最高？就讓本單元的教戰手冊告訴你！

單元重點

- ・防疫保單在產險公司買，竟然比較便宜！？
- ・產險公司的商品既多且廣，上山下海都可以靠它
- ・產險、壽險公司五大不同，造成價格差異
- ・壽險公司的產品貴還有人買，是因為這些貓膩
- ・兼愛產險、壽險商品，混搭效果可能更好

防疫保單在產險公司買，竟然比較便宜！？

觀念速解

防疫保單之亂

在國內確診人數遠低於其他國家時，部分保險業者推出防疫保單，原以為可以大賺一筆，不料後來 Omicron 病毒肆虐、疫情升溫，間接衍生諸多防疫險亂象與爭議，例如數位診斷證明是否能視為理賠文件、輕症居家照護是否可以領住院給付、陪同隔離者是否能申請理賠……等。

Q 2022 年 5 月的「防疫保單之亂」，產險公司為了避免鉅額的理賠，設下了承保、核保及理賠條件，甚至鬧上新聞，想必讀者們都還印象深刻。話說，為什麼醫療險的防疫保單，其實可以在產險公司買，而且還比較便宜呢？

A 一般人都會有些刻板印象，認為醫療險、意外險就只能跟壽險公司買，其實在保險相關法令規定修改及放寬下，產險公司也能提供原來壽險公司「專賣」的商品，甚至因為承保及計費條件等的不同，有些標配的保險商品在產險公司買，可能會更便宜。既然同樣商品，在產險、壽險公司會有不同的報價，那麼，想要知道如何將壽險、產險公司的商品混搭，可以獲得最大效益之前，我們先來介紹壽險、產險公司商品的異同點。

	壽險公司	產險公司
保障的風險	人身風險 （保生、保死、保生死）	財產風險 （與財物、責任有關的經濟上損失）
險種	壽險、醫療險、意外險、年金險 ……等	短年期健康險、傷害險、火災／地震險、汽機車強制責任險、第三人責任險 ……等
保費	相對較高	相對較低
保單特性	大部分需搭配主約	可單獨購買
續約方式	部分保單條款有約定：只要保戶持續繳款，就有保證續保的機制	一年一約，每年會重新評估風險
風險考量	注重長期風險（10 年以上）	注重短期風險（3 年以內）
特色	組合較為彈性，可挑選到保證續保的商品	可用較低的預算，挑到比壽險公司的保障內容更多元化、保障額度更高的商品

☆ 壽險公司能夠提供的商品

我們都知道，壽險是「人壽保險」的簡稱，可以提供「保生」、「保死」和「保生死」的保障功能。而壽險主要是在保障人身的風險，常見的商品有壽險、醫療險、意外險和年金保險等，都是屬於壽險公司的「型錄」。相關的介紹，讀者可以再回頭看看本書的其他章節。

☆ 產險公司能夠提供的商品

產險則是「產物保險」的簡稱，也有稱為「財產保險」的；顧名思義，主要是在保障「財產」的風險、補償被保險人或要保人的「財產」（在經濟上的損失）。

產險公司承保含括範圍很大，涵蓋了非人身、生命以外的風險，主要是提供與「財物」或「責任」有關的險種。近年來，因為保險法規的修訂和調整，現在的產險公司也可以販售短年期的健康險、傷害險。因此，產險公司可以提供服務的範圍，就包含了三大範疇：財物、責任與人身。

產險公司的商品既多且廣，上山下海都可以靠它

從現在各家產險公司的網站來看，可以提供的產品選擇，比人壽險公司更為多元，除了常見的機車保險、汽車保險（屬於法令規定的汽機車強制險）、第三人責任險、旅平險、住宅險之外，還有住宅（居家動產）險、責任險（董監責任險、旅行業責任險）、旅遊綜合保險（俗稱旅平險）、農業保險、寵物險、度假打工專案險、行動裝置險、旅行業履約保證險。現在，更是「侵門踏戶」到傳統壽險的主力戰區，也就是開始銷售個人健康（醫療）險、個人傷害（意外）險。

因為產險公司也開始推出個人健康（醫療）險、個人傷害（意外）險的保單，而其精算的標準跟人壽險公司有所不同，所以有很多人會認為，醫療險跟意外險在產險公司買，會比較便宜。

資料來源：兆豐產險官網 https://www.cki.com.tw/

資料來源：兆豐產險官網 https://www.cki.com.tw/

資料來源：國泰產險官網 https://www.cathay-ins.com.tw/cathayins/personal/

　　我們以下舉個例子說明，讀者們會比較清楚。

案例

30 歲男子，同樣是投保保額 500 萬的意外險，國泰產險的保費，每年只要 2850 元，但是三商美邦人壽保險的保費卻需要 4850 元，二者每年保費相差 2000 元。

投保公司	國泰產物	三商美邦人壽
商品名稱	金順利專案（KTP002）	個人傷害保險[11007]（ADD）
投保年期	1年期/續保至75歲	1年期/續保至75歲
投保金額	計劃四	500萬元
應繳保費（男）	2,850元	4,850元
身故與完全失能保障		
意外身故與完全失能保險金	500萬/一次	500萬/一次
意外傷害住院保障（定額給付）		
重大燒燙傷保險金	100萬/一次	125萬/一次
意外失能保障與特定事故保險金		
意外傷害失能保險金（次）	25萬~450萬/多次	25萬~450萬/一次
其他		
是否豁免	否	否

資料來源：三商美邦人壽郭峻瑋經理

產險、壽險公司五大不同，造成價格差異

Q 這樣比較下來，產險公司的費率的確是比較便宜！可是，為什麼會這樣呢？這樣壽險公司的商品不是比較沒有競爭力了嗎？

A 乍看之下，同類型的商品，由產險公司推出的似乎較有競爭力。但是，壽險跟產險公司間，到底有什麼差異，會讓價格差這麼多呢？主要有以下五點不同。

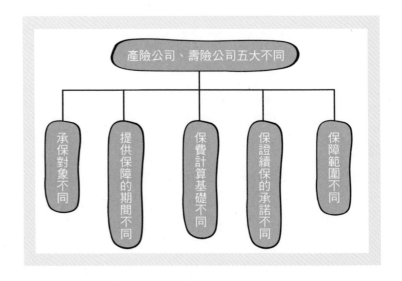

☆ 承保的對象不同

如同前面的說明，壽險跟產險間最大的不同點，就是在於承保對象——壽險的商品設計，是針對「人」的風險；而產險的商品，則是針對「財產」的風險而設計。雖然現行法規已讓產險公司可以推出個人健康（醫療）險、個人傷害（意外）險的保單，也就是說，有些產險的商品也是針對「人」的風險而設計，但基本上，產險大部分的設計，都還是以「物」為主。

⭐ 提供保障的期間不同

一般說來，壽險公司能夠提供保戶保障的時間比較長；就算是定期壽險，也多有長達 10 年期以上。而臺灣的保戶最為鍾情的終身壽險，是能夠活到老、就保障到老。基本上只要保戶有持續繳交保險費，壽險公司就會讓民眾續約。至於產險公司提供的商品，大多都是一年一保，期滿要再續保時，產險公司會每年評估這張保單繼續承保的風險。如果保戶在過去一年間曾經有過出險的紀錄，讓保險公司理賠不少錢，那麼產險公司是有可能拒絕保戶繼續投保的。2022 年 5 月分的防疫險保單之亂，產險公司振振有辭地不想要讓保戶續保，其實就是源自於此。

⭐ 保費計算基礎不同

眾所周知，在同樣條件之下，產險意外險／醫療險的保費，通常會比壽險意外險／醫療險的保費便宜。主要原因有三：

❶ 壽險公司提供的保障，是以長期為主，產險公司則是以短期為主；因此，壽險公司的保費會比較貴。

❷ 壽險公司提供的定期險，多半都是保證續保的（少數的險種可能有特殊的考量，續保有但書）。但是，產險公司的保險是一年一約，也沒有保證續保，所以，保費相對而言就會比較便宜。

❸ 關於職業危險等級的費率計算，兩者的認定也不同，通常產險公司的費率計算基礎會比壽險公司來得低，因此，產險公司的費用率也就比較便宜。

✿ 保證續保的承諾不同

基本上壽險的保單都有「保證續保」的承諾。所謂保證續保，是指保戶只要有按時繳交保險費，不管在保險契約有效期間曾經出險（就是申請理賠）多少次、不管被保險人的體況是否變差、不管保戶原持有的保險產品是否業已停售，保險公司都要「無條件」讓保戶續保，不得拒絕。除非是保戶自己不想保了，或者是被保險人已達續保年齡的上限，否則保險公司是不得拒絕續保的。

然而，產險的保單則不一定有保證續保的承諾。實務上常見的情況是，保戶因故出險獲得理賠了，產險公司會等到保單到期就不給予續約；就算要續約，也會提高保費或者限縮理賠條件等。

而 2022 年 5 月分，鬧得滿城風雨的防疫險系爭之點，主要就在於產險公司認為「自動續保」並不代表保證續保。此外，由於產險講究的是「損失補償原則」，認為產險公司除了必須按照合約規範來履行賠償義務之外，並不允許要保人／受益人透過超額的複保險來獲得額外的收益。相較於壽險公司的醫療險、意外險，容許以副本申請理賠的情況，導致很多人有因生病住院，因為同時投保多家公司的醫療險或意外險，而以副本的醫療單據重複申請獲得理賠金，所以，才會有生病住院還可以「賺錢」之說。這跟產險理賠實務的不允許超額的複保險原則是相悖的。

為了避免衍生出不必要的糾紛，建議保戶在跟產險公司投保時，一定要問清楚，並且注意合約上的文字規範，避免因為自己的腦補想像而造成保障需求的落差。

 自動續保≠保證續保

• 保證續保：契約成立後，不論保戶申請幾次理賠、健康變得多糟等，保險公司都不能拒

保，除非保戶自行解約或年紀已達續保
上限，否則均會續保。
- 自動續保：本意只是讓保戶能夠自動完成投保程序，
省略了「重新填寫要保書」這個步驟而已。

☆ 保障範圍不同

產險公司除了有保費較便宜的好處之外，其商品還會將多種
保障包裝在同一個方案中。例如前述提到一般人必備的意外
險，同樣保額是 100 萬，泰安產險雖然是三者之間保費最貴
的（新臺幣 1100 元），但是讀者們有注意到嗎？泰安產險
還額外提供「搭乘大眾運輸工具意外身故保險金」、「搭乘
大眾運輸工具意外失能保險金」以及「食物中毒保險金」這
三樣保障。這對於以大眾運輸工具、以外食為主的上班族，
是相對周全的一種設計。雖然每年保費貴一點，但也應該是
上班族可以接受的範圍。

投保公司	泰安產物	富邦產物	三商美邦人壽	
商品名稱	平安守護專案 （TNP020）	新安心守護專案系列五 （FB028）	個人傷害保險[11007] （ADD）	
投保年期	1年期/續保至75歲	1年期/續保至75歲	1年期/續保至75歲	
投保金額	方案一計劃	計劃二	100 萬元	
應繳保費（男）	1,100元	800元	970元	
身故與完全失能保障				
意外身故與完全失能保險金	100萬/一次	100萬/一次	100萬/一次	
意外傷害住院保障（定額給付）				
重大燒燙傷保險金	3萬~60萬/一次	100萬/一次	25萬/一次	
意外失能保障與特定事故保險金				
意外傷害失能保險金（次）	5萬~90萬/多次	5萬~90萬/多次	5萬~90萬/一次	
搭乘大眾運輸工具意外身故保險金	500萬/一次	100萬/一次		
搭乘大眾運輸工具意外失能保險金	25萬~450萬/多次			
註：特定意外增額給付	V			
特殊醫療保障				
食物中毒保險金	3,000元			
其他				
是否豁免	否	否	否	

資料來源：三商美邦人壽郭峻瑋經理

除此之外，華南產險的綜合旅平險中，除了一般常見的身故、失能、意外醫療、重大燒燙傷之外，連行動電話被竊、旅行期間居家竊盜、現金竊盜損失補償等保障都含蓋進去了。這麼琳瑯滿目、又保人又保物且橫跨海內外的險種，在各大產險公司都可以找到類似的商品。但是，想要在壽險公司的「型錄」裡，找到一張保單能夠提供這麼多種保障的，那可真是難上加難了！

資料來源：華南產險公司 https://www.ecover.com.tw/Travel/Coverage

壽險公司的產品貴還有人買，是因為這些貓膩

Q 既然產險公司銷售的意外險既便宜保障又多，為什麼有些人還是會考慮投保壽險公司的意外險呢？

A 乍看之下，產險公司推出的意外險（或其他）的保單，幾乎完勝壽險公司同類型的商品。但是，壽險公司相關類型的商品，一樣有消費者買單；有些商品，甚至是叫好又叫座

的經典款。難道是壽險公司的業務員比較會銷售保單嗎？這當中，一定有某些隱藏版的好處，是壽險公司有，而產險公司沒有的。我們就來盤點一下，這當中的差異在哪裡？

☆ 壽險公司有獨賣的商品

常見的壽險公司獨賣的商品，例如「終身保險」，我們只能跟壽險公司買，因為產險公司的商品中並沒有終身保險。

☆ 壽險公司的保費雖然較貴，但大部分的險種都是保證續保

產險公司的保費較便宜，但卻不保證續保，為一年一約的定期險。壽險公司則是提供保證續保的承諾，因此，保戶來年若想續保，並不需要重新告知保險公司目前的體況，也不需要重新簽署要保書。因此，年輕時跟壽險公司投保之後，不管之後年紀變大、體況變差，或是出險請領理賠金次數的多寡，只要保戶持續繳交保險費，維持保險契約的有效性，那麼壽險公司仍然必須讓客戶繼續投保。

　　但是產險公司的保單是一年一續，保戶若想在來年續保，可能會被要求告知體況、重新體檢、重新簽署要保書。如果曾經發生過重大意外、出險多次、或者體況變差，產險公司是可以拒絕承保的。

　　換句話說，假如保戶只有跟產險公司投保意外險，而又很不幸地在投保後一年契約有效期限內，就發生意外、讓產險公司理賠很多錢的話，那麼下半輩子很有可能都沒有辦法再享有產險公司意外險的保障了。就算這個時候，保戶想要投懷送抱、改到壽險公司買保險，會不會因此被要求加保費或是被要求做體檢而橫生波折，甚至於因此而被拒保呢？不無疑問！

所以，即使壽險公司的意外險相對於產險公司的意外險保費較高，但是，在壽險公司有自動續保、保證續保的前提之下，有些人還是寧願選擇在壽險公司投保意外險了。當然，讀者們可能會想，人的一生當中，要遭逢一次以上的嚴重意外事故、需要高額理賠的機率很低，所以，是不是真有必要擁有「保證續保」的保障？但問題是，當初買保險，就是不想要跟老天爺「賭」機率，不是嗎？尤其是年紀較大、體弱多病時，是不是更需要有醫療險或意外險的保障？等到面臨了這種情境，需要買醫療險或者是意外險時，反倒被拒保、風險得自留了，又該怎麼辦呢？其實這也是一種未知的風險，不是嗎？

兼愛產險、壽險商品，混搭效果可能更好

Ｑ 既然產險公司跟壽險公司的商品各有利弊，那麼我在選擇保單花落誰家時，該怎麼考量這兩類呢？

Ａ 現在買保險商品，已經可以透過許多管道，除了保險公司的業務員之外，在銀行、郵局也可以買到基本的保險商品。而透過保經、保代公司，也有多元化的產品可以選。甚至，現在連電視購物頻道都把保險商品上架了。所以，價格的考量應該不會是主要因素，畢竟保險商品不同於一般的家庭日常用品，光是保險條款的專業知識，都已經讓人頭昏腦脹了，一旦遭逢意外、生病住院等讓人難過沮喪的事，卻又在申請理賠時，遭到保險公司的「另眼相看」，那應該不會是區區數元的保費價差可以抵數的。

　　所以，不管是選擇壽險還是產險公司投保，讀者們一定要回歸到投保的初衷本意——謹記自己的保險需求並詳閱保險條款，再決定適合自己當下保險需求的商品。另外，雖然錢要花在刀口上，然而大多數時候，我們沒有辦法一一地去

瞭解每張保單背後的精算係數，因此，乍看之下相仿的保障內容，其保費也許差個數百元，但是，當遇到需要理賠、續約時，卻又發生需要額外提交文件、審核體況等要求，會不會反倒是另一場災難的開始呢？所以，建議讀者們，保費即便重要，但是，該有的保障，可能更重要！

瞭解「保障」才是保險真諦之後，接下來，再來考慮有沒有更經濟的做法。

首先，我們再來釐清一下，產險、壽險公司的特色之後，再來提供投保的教戰守則。

• 壽險公司：
著重在人身安全保障，主要以「人」的角度來規劃保障。例如：壽險、健康險、傷害險及年金保險。

• 產險公司：
著重在人身安全以外的保險，例如汽車、住宅、機器設備等財產。但在法規開放之後，我們可以將之視為以「人＋物」的角度來規劃保障。所以，產險公司除了傳統「物」的保障之外，牽涉的範圍包括「人身」及「非人身」（「物」）的傷害險（試想發生火災／車禍時，除了人身的傷害之外，住宅／汽車所遭受到的傷害損失，也該受到保障），也成為產險公司的熱賣商品。

接著我們來看看，有哪些商品是產險或壽險公司獨賣的？

• 壽險公司獨賣的部分：
主要是有關於壽險部分，所以，像是壽險、儲蓄險、投資型保單、年金險這幾款商品，就只能夠在壽險公司投保。

• 產險公司獨賣的部分：

凡是關於保障「財物」與「責任」的險種，就只能夠在產險公司投保。所以，像是財產保險（例如房屋、機器設備等）、責任險（例如董監責任險、汽機車強制責任險等）這兩大類的商品，就只能夠跟產險公司投保。

• 兩種保險公司都可以銷售的商品：

例如意外險、醫療險（例如防癌險、重大疾病險）、旅平險等險種。

再度分析完產險、壽險公司商品特色之後，我們可以知道，若是獨賣的商品，自然沒得選，就只能回歸到原本保險公司獨賣的領域，根據自己的需求挑選。若是兩種公司都有的商品，那麼可以根據以下的眉角挑選到 CP 值高的險種，達到兼顧保障跟省錢兩種好處：

☆ 眉角一：保額低加高、產壽險各買一張

這個做法，是先跟壽險公司買一張意外險保單，這張保額可以較低（例如基本的保障 100 萬），但要緊的是，這家壽險公司要有保證續保的承諾。接著，再跟產險公司買張保額較高的意外險（例如保額 400 萬），這樣意外險的保障就拉高到 500 萬。如此一來，可以達到三個目標：

❶ 可以節省保費；

❷ 保額足夠高；

❸ 不用擔心一旦發生意外事故、申請理賠後，隔年被產險公司拒保而造成完全沒有意外險保障的窘境。

當然，關於在產、壽險公司要各買多少保障額度，除了跟自己的保障需求有關之外，也可以考量預算的分配。

☆ 眉角二：伺機而動，機動加碼投保套餐組合

如果是臨時有短暫出遊的打算，想要提高自己的保障或者範圍的話，那麼產險公司的旅遊平安險，較可能滿足「俗又大碗」的需求。因為產險公司通常會將多種保障包裝成專案的形式，例如有的產險公司推出的旅平險套餐，除了身故、失能、意外醫療等基本保障之外，連重大燒燙傷、行李遺失或耽誤、食物中毒、現金或行動電話失竊等，在旅遊期間可能發生的事故，統統包含進去了，保障範圍很廣，保費也較為便宜。但畢竟這些是套裝組合，就算你不需要某些選項，也沒得挑、沒得換，可是你所支付的保費，就算相對便宜，卻也將這些保障所需要的危險保費給設算進去。

相對而言，壽險公司所提供的保障額度通常較高，而且選擇較為自由多樣化。因此，是要選擇套餐、還是單點，並沒有絕對優劣的選項，建議讀者還是要依自己的需求，混搭達到應有的保障效果最重要。

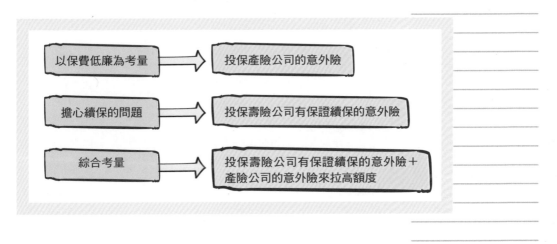

以保費低廉為考量	→	投保產險公司的意外險
擔心續保的問題	→	投保壽險公司有保證續保的意外險
綜合考量	→	投保壽險公司有保證續保的意外險＋產險公司的意外險來拉高額度

因為疫情影響，被迫停業、失業、減薪……

沒錢繳保費了，該怎麼辦？

　　因為買保險的目的，就是在預防當風險發生時，讓自己或家人不至於有陷入經濟能力無法負擔的窘境，所以需要按照自己的需求，跟保險公司訂立適當的合約、繳交保費，達到將風險轉嫁給保險公司的目的。為此，你得要按照約定如期支付保費，使合約持續有效。就跟你買任何商品一樣，在規劃保單時，也需要考量到未來各年期支付保險費用的能力。

　　但是，如果因為某些變故，在繳了幾年保費之後，才發現自己無法負擔、真的無法如期繳交保費時，又該怎麼辦？難道跟買其他金融商品一樣，只能「認賠殺出」嗎？

　　如果你認賠殺出，那麼你之前苦心考量、規劃多年的保障，也會跟著放水流──這是你要的嗎？

　　這跟「停損」不一樣──如果你當時的確是花了心思規劃保險需求的話。再者，若你還想保有這張目前繳不起保費的保單，其實，你還有其他的補救方法。就像「債務協商」的概念，你可以跟你投保的保險業者申請辦理下列四項業務，除了讓你的保單不至於立即失效之外，也可以讓你的現金流獲得喘息的空間。

☆ 申請辦理「自動墊繳」保費

這種做法，需要要保人（就是繳交保費的人）用書面（或其他約定）的方式跟保險公司申請。主要的作業時間點有兩個：

❶在投保、簽要保書的時候，記得要勾選「自動墊繳」的

功能；或者是在

❷「繳費寬限期間」終了前。

　　但是請注意：

① 只有具備保單價值準備金的險種，保險公司才能幫你代墊保費。

有解約金	**有保單價值準備金的險種** • 傳統壽險 • 年金險 • 投資型保險
沒有解約金	**單純保障型的險種** • 醫療險 • 意外險

② 要注意不同的繳費方式，寬限期間長短也會有所不同。

繳費方式	寬限期間
半年繳、年繳	從保險公司的催告函到達翌日起 30 日內
月繳、季繳	• 保險公司不予催告 • 從保險單所載保險費應繳日之翌日起 30 日內

♥ 貼心小提醒：

• 保險公司寄發催繳保險費的催告函，通常以要保人在要保書上所填的地址為寄送地址。保戶在投保後如有變更住居所，一定要通知保險公司變更聯繫地址等資料，以避免日後發生相關往來文書是否合法送達等爭議。

❸自動墊繳是要算利息的。

雖然這段期間你的保單仍然有效力，但是這張保單的價值金會愈來愈少；最後如果不足以墊繳保費時，保單效力也會跟著停止。

✿ 申請縮減保單保額

要保人可以在保險契約的有效期間內 (注意，要在「有效期間」內)，向保險公司申請減少保險金額（但每張保單有最低承保金額的限制）；當你減少保險金額之後，所需要繳交的保險費，自然也會隨著保險金額的降低而降低。

✿ 減額繳清保險

如果你的保單已經有累積保單價值準備金時，就可以向保險公司申請變更為「減額繳清保險」。這項跟上述的縮減保單保額不一樣。

　　本項做法關鍵字在「減額繳清」——也就是你的保單原來的「保險期間與條件」都不改變，而是以你繳交多年的保險費所累積得來的保單價值準備金，向保險公司申請變更為「一次購買」所能夠保障的保險金額。這麼一來，你就再也不用繳交保費，卻仍然享有保障，只是你的保障額度減少了。

險種	說明
終身壽險	保額會受到保單貸款、墊繳的影響
終身醫療	沒有減額繳清功能
儲蓄險	• 繳費期間請領退休金卻不幸身故，保障將受影響 • 當年度所領之生存金須繳回，否則保障仍受影響
年金險	與死亡保障不相干，較少辦理減額繳清
投資型保單	沒有減額繳清功能，可以部分解約

✿ 展期定期保險

原理跟減額繳清類似，只不過減額繳清是「保險期間與條件」不變，但是「保障額度」減少。而展期定期保險則是保障額度不變，只不過保險期間縮短了。

保險公司會先去計算你的保單所累積的保單價值準備金有多少，再從中扣除保險公司相關的營業費用以及保單借款本息、欠繳之保費及墊繳保費的本息（如果有的話）等費用後的餘額，來看若是以原來的保障額度（所以，你的保障額度不會改變），可以讓契約繼續有效到哪個特定時日的定期保險。契約變更以後，一樣不用再繳交保費，原有的保障會展延到變更後所訂定的年限，如果在展延期間的年限內死亡，保險公司一樣會依照保險契約給付保險金。

案例

強尼買了人壽險，保額 300 萬元，須繳 20 年，可保障終身。

連續繳費 10 年後，因為受到疫情影響使得收入減少了，繳保費遇到困難，於是向保險公司申請變更為「展期定額保險」，保單只再保障 5 年，但保額不變。

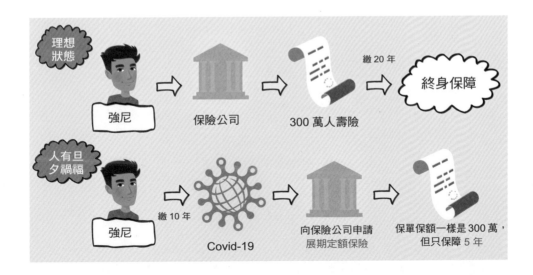

一年期附約	保險公司可自行決定處理方式。惟該附約至少須持續至該附約該期已繳之保險費期滿後終止
長年期附約	• 保險公司可自行決定處理方式，惟該附約至少得持續至該附約該期已繳之保險費期滿後終止 • 已繳費期滿者（或已達豁免保險費者）或因保險事故發生保險給付當中者，不得終止
附約終止	有些保單會有「附約終止」條款，規定在主約展期定期後，其附約效力即會終止

資料來源：整理自各大保險公司官網資料

 ● 保戶如向保險公司申請「主約」展期定期，針對「附約」的處理方式，保險公司可自行決定。
● 展期定期後常見的限制有：保險額度無法調整、無法契約轉換等。

　　因此，如果你只是因為短期的資金週轉不靈，千萬不要馬上就把你跟保險顧問辛苦討論得來的保單解約，這是下下策；因為一旦解約，你的保單可能連解約金都沒有，過去所繳交的保費真的就放水流了！

　　上述的四種方式讓你可以有緩衝期。在這段緩衝期間，建議可以趁機找專業的保險顧問協助你做保單健檢，幫你評估哪些保障可以做調整，又有哪些保單需要留下來。甚至，你還可以再和你投保的保險公司的保險業務員或客服中心聯繫，詢問如果想要針對你的保單作部分契約變更的話，有哪些攸關的權益？在你充分瞭解、全盤考慮之後再做決定，就算解約，也不至於日後後悔了。

投保最怕遇到理賠爭議

發生理賠糾紛怎麼辦？

花了心思、仔細規劃好的保單，總是讓人多了一份安心。然而人算不如天算，一旦遭逢疾病或意外，在醫療院所看診處理告一段落，依照保險顧問的說明，檢附相關單據送給保險公司之後，竟被告知理賠金額遠不如預期，甚至無法理賠，這時候該怎麼辦呢？需要到對簿公堂，保戶才能爭取應有的權益嗎？

近幾年來，由於金融教育的普及，加上民眾也普遍具備風險管理及投資理財的觀念，人身保險顯然已經成為民眾理財規劃中不可或缺的一環。根據保發中心的統計資料顯示，國內人壽及年金保險投保率在 2020 年已經超過 260%，等於全體臺灣人每人平均持有 2.6 張保單。

但是，金融消費者買了這麼多張保單，就跟一般消費者買商品一樣，免不了也會產生消費糾紛！而因為人身保險契約的特殊性、專業性與複雜性，遠超過一般消費品的購買情境，特別是保險契約雙方當事人的權利義務，除了適用一般的消費者保護法之外，另外適用的法規，尚且包含《保險法》、《民法》、《個人資料保護法》以及《洗錢防制法》等法律，對於一般升斗小民而言，光是聽到這些法規名稱可能就要暈頭轉向了，遑論要援引相關法條來為自己爭取權益！

難道保戶對於保險公司的理賠結果，就只有接受一途嗎？

在片面認為是保險公司的「錯誤」之前，我們先來釐清某些重要的觀念。

根據金融評議中心近期的公布資料，2021年第三季申訴與評議統計結果，理賠類以「理賠金額認定」占大宗，占比為12.02%，其次為「必要性醫療」（11.43%）和「手術認定」（11.31%）。

至於非理賠類，則以「業務招攬爭議」最多，高達25.25%，遠高於其他爭議類型；主要是因為壽險業務員在銷售過程中，未清楚說明保單內容、不當勸誘客戶以貸款方式購買保險商品等，都是屬於較常見招攬爭議。（資料來源：《現代保險》雜誌）

2021年第三季壽險業五大爭議類型

理賠類		理賠類	
類型	比率（%）	類型	比率（%）
理賠金額認定	12.02	業務招攬爭議	25.25
必要性醫療	11.43	費率爭議	12.55
手術認定	11.31	解約爭議	8.18
遲延給付	9.17	停效復效爭議	7.76
投保時已患疾病或在妊娠中	8.69	保單借款	6.35

資料來源：金融消費評議中心

由於大部分會出現的理賠糾紛以醫療險居多，那麼我們就來看看，問題出在哪兒？

☆ 關鍵一：必要性醫療

在醫療險理賠的要件中，最重要的，就是必須要有「必要性的醫療行為」。可是常聽說有許多業務員在介紹醫療險的內容時，為了可以讓保戶快速地掌握保單條款，會簡化地告訴保戶「住幾天、賠幾天」；但是每家公司對於「必要性的醫療行為」認定標準不一，如果可能的話，保戶最好在投保前就問詳細、看清楚條款。

在收集以往理賠糾紛的案例報導中，常見的例子包括：

- 如果有家人住進安寧病房，算不算「治療」？
- 打算買的保單，在保險公司的認定中，可以理賠嗎？
- 如果是慢性病患，需要長期在家休養，所衍生的看護費用，保險公司會怎麼賠？
- 買了日額的醫療險，是不是就夠賠付了？

這些情境，都會因為保單條款的不同，而產生不同的理賠結果。

☆ 關鍵二：手術認定

請注意──不是「動刀」就會獲得理賠。由於醫療險的品項眾多、理賠的但書也頗繁複，因此，並不是只要醫生動刀，就會獲得醫療險中的「門診手術理賠金」！常見的爭議項目，包含整型美容「手術」、蜂窩性組織炎「手術」、凍甲（甲溝炎）等「手術」，多半不在給付之列（例如甲溝炎常被認為是「處置」而非「手術」）。這些可能都是保險業務員在銷售產品時，沒有特別強調，或者是保戶會忽略的保單條款內容。

　　如果不是以上所提到的因素所導致的理賠糾紛，又應該怎麼處理呢？

　　大多數的保險公司網站都會告訴保戶：當保戶對於保險業務員、保險事務處理有意見或不滿意，或認為各項保險金的給付未能確保其權益時，第一步，可先向保險公司保戶服務中心提出意見申訴。接下來，如果保戶對於保險公司的服務或申訴處理結果仍有疑義的話，就直接依照《金融消費者保護法》第 13 條第 2 項規定，向財團法人金融消費評議中心申請評議。

　　當保險需要出險理賠時，肯定都是在人生的晦暗期，原本身心受創、有待復原之際，卻又遇到理賠糾紛，對於心情、感受，肯定是雪上加霜！但是現在各家保險公司為了提升服務品質，都設有申訴專線，保戶可以用電話、信函、網際網路、傳真或親赴服務中心辦理等方式提出申訴。如果還是感到委屈，還可以向財團法人金融消費評議中心申請評議；一般到這個階段，都可以快速獲得解決，多半不須要走到對簿公堂這一步的。

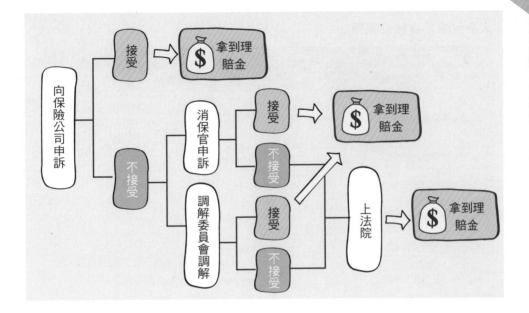

【附錄】

　　法規名稱：金融消費者保護法

　　第 13 條

　　2. 金融消費者就金融消費爭議事件應先向金融服務業提出申訴，金融服務業應於收受申訴之日起 30 日內為適當之處理，並將處理結果回覆提出申訴之金融消費者；金融消費者不接受處理結果者或金融服務業逾上述期限不為處理者，金融消費者得於收受處理結果或期限屆滿之日起 60 日內，向爭議處理機構申請評議；金融消費者向爭議處理機構提出申訴者，爭議處理機構之金融消費者服務部門應將該申訴移交金融服務業處理。

人身保險業資訊公開網站

公司名稱	公司網站
臺銀人壽保險股份有限公司	http://www.twfhclife.com.tw/Pages/Default.aspx
台灣人壽保險股份有限公司	http://www.taiwanlife.com
保誠人壽保險股份有限公司	http://www.pcalife.com.tw
國泰人壽保險股份有限公司	http://www.cathaylife.com.tw
中國人壽保險股份有限公司	http://www.chinalife.com.tw
南山人壽保險股份有限公司	http://www.nanshanlife.com.tw
新光人壽保險股份有限公司	http://www.skl.com.tw
富邦人壽保險股份有限公司	https://www.fubon.com/life/home/index.htm
三商美邦人壽保險股份有限公司	http://www.mli.com.tw
遠雄人壽保險股份有限公司	https://www.fglife.com.tw/91dfa8e2f3cd921din092fbd3b9c5d2329bdexbfa817fb6e3549ecomapny_name=fglife
宏泰人壽保險股份有限公司	http://www.hontai.com.tw
安聯人壽保險股份有限公司	http://www.allianz.com.tw
中華郵政公司壽險處	http://www.post.gov.tw/post/internet/Insurance
第一金人壽保險股份有限公司	https://www.firstlife.com.tw/FirstWeb/
合作金庫人壽保險股份有限公司	http://www.tcb-life.com.tw
台新人壽保險股份有限公司	https://www.taishinlife.com.tw/
國際康健人壽保險股份有限公司	http://www.cigna.com.tw
元大人壽保險股份有限公司	http://www.yuantalife.com.tw/Web/Index.aspx?AspxAutoDetectCookieSupport=1
全球人壽保險股份有限公司	http://www.transglobe.com.tw

資料來源：財團法人保險事業發展中心

資訊公開網站	重大訊息網站
https://www.twfhclife.com.tw/%e4%bf%9d%e9%9a%aa%e6%a5%ad%e8%b3%87%e8%a8%8a%e5%85%ac%e9%96%8b%e8%aa%aa%e6%98%8e%e6%96%87%e4%bb%b6/	https://www.twfhclife.com.tw/%e4%bf%9d%e9%9a%aa%e6%a5%ad%e8%b3%87%e8%a8%8a%e5%85%ac%e9%96%8b%e8%aa%aa%e6%98%8e%e6%96%87%e4%bb%b6/
https://www.taiwanlife.com/SiteMap/20	https://www.taiwanlife.com/SiteMap/20
https://www.pcalife.com.tw/zh/our-company/public-info/	https://www.pcalife.com.tw/zh/our-company/public-info/
https://www.cathaylife.com.tw/cathaylife/about/info/public-info/company-profile	https://www.cathaylife.com.tw/cathaylife/about/info/public-info/info-public-interests
http://www.chinalife.com.tw/wps/portal/chinalife/chinaLifeFooter/PublicInfo/PublicInfo	http://www.chinalife.com.tw/wps/portal/chinalife/chinaLifeFooter/PublicInfo/PublicInfo
https://www.nanshanlife.com.tw/NanshanWeb/static-sidebar/298	https://www.nanshanlife.com.tw/NanshanWeb/static-sidebar/298
https://www.skl.com.tw/65732b6f14.html	https://www.skl.com.tw/65732b6f14.html
https://www.fubon.com/life/Investors/public-info/fubon/public/	https://www.fubon.com/life/Investors/public-info/fubon/public/
https://www.mli.com.tw/sites/mliportal/about/info-publication	https://www.mli.com.tw/sites/mliportal/about/info-publication
https://www.fglife.com.tw/91dfa8e2f3cd921dInfoCom_f092fbd3b9c5d2329bindByKindbfa817fb6e3549ekind=0111	https://www.fglife.com.tw/91dfa8e2f3cd921dInfoCom_f092fbd3b9c5d2329bindByKindbfa817fb6e3549ekind=0111
https://www.hontai.com.tw/18pages/info	https://www.hontai.com.tw/18pages/info
https://www.allianz.com.tw/about-us/company/public-info.html	https://www.allianz.com.tw/about-us/company/public-info.html
http://www.post.gov.tw/post/internet/Insurance/index.jsp?ID=40301	http://www.post.gov.tw/post/internet/Insurance/1161309560660.htm
https://www.firstlife.com.tw/FirstWeb/resource/Footer/Introduce.html	https://www.firstlife.com.tw/FirstWeb/information/detail_203.html
http://www.tcb-life.com.tw/b71.php	http://www.tcb-life.com.tw/b71.php
https://www.taishinlife.com.tw/zh-tw/page/disclosure/informationdisclosure	https://www.taishinlife.com.tw/zh-tw/page/disclosure/informationdisclosure/subpages/consumer-rights-information
http://www.cigna.com.tw/PublicDisclosure?utm_source=cigna&utm_medium=footer-more-info&utm_campaign=more-info	http://www.cigna.com.tw/PublicDisclosure?utm_source=cigna&utm_medium=footer-more-info&utm_campaign=more-info
https://www.yuantalife.com.tw/about/overview	https://www.yuantalife.com.tw/about/overview
https://www.transglobe.com.tw/about-opendata.html?	https://www.transglobe.com.tw/about-opendata.html?

人身保險業資訊公開網站

二、 外國	
公司名稱	**公司網站**
英屬百慕達商友邦人壽保險股份有限公司台灣分公司	http://www.aia.com.tw
法商法國巴黎人壽保險股份有限公司台灣分公司	https://life.cardif.com.tw/default
英屬百慕達商安達人壽保險股份有限公司台灣分公司	https://life.chubb.com/tw-zh/home.html

資料來源：財團法人保險事業發展中心

資訊公開網站	重大訊息網站
http://www.aia.com.tw/zh-tw/about-aia/info-declaration.html	http://www.aiaco.com.tw/tw/information/information%2Dfinancial/
https://life.cardif.com.tw/a5	https://life.cardif.com.tw/a5
https://life.chubb.com/tw-zh/footer/information-disclosure.aspx	https://life.chubb.com/tw-zh/footer/information-disclosure.aspx

圖解筆記20

3天搞懂保險規劃

精打細算、轉移風險，迎接美滿無憂的人生！

作　　者：梁亦鴻
責任編輯：林佳慧
校　　對：梁亦鴻、林佳慧
視覺設計：廖健豪
寶鼎行銷顧問：劉邦寧

發 行 人：洪祺祥
副總經理：洪偉傑
副總編輯：林佳慧
法律顧問：建大法律事務所
財務顧問：高威會計師事務所
出　　版：日月文化出版股份有限公司
製　　作：寶鼎出版
地　　址：台北市信義路三段151號8樓
電　　話：(02)2708-5509｜傳真：(02)2708-6157
客服信箱：service@heliopolis.com.tw
網　　址：www.heliopolis.com.tw
郵撥帳號：19716071 日月文化出版股份有限公司

總 經 銷：聯合發行股份有限公司
電　　話：(02)2917-8022｜傳真：(02)2915-7212
印　　刷：軒承彩色印刷製版股份有限公司
初　　刷：2022年8月
定　　價：360元
ＩＳＢＮ：978-626-7164-17-4

國家圖書館出版品預行編目資料

3天搞懂保險規劃：精打細算、轉移風險，迎接
美滿無憂的人生！／梁亦鴻著. -- 初版.
-- 臺北市：日月文化出版股份有限公司,
2022.08
256面；17 × 23公分. --（圖解筆記；20）
ISBN 978-626-7164-17-4（平裝）
1.CST：保險規劃

563.7　　　　　　　　　　111009546

3天搞懂保險規劃

感謝您購買 精打細算、轉移風險,迎接美滿無憂的人生!

為提供完整服務與快速資訊,請詳細填寫以下資料,傳真至02-2708-6157或免貼郵票寄回,我們將不定期提供您最新資訊及最新優惠。

1. 姓名:＿＿＿＿＿＿＿＿＿＿＿＿　　性別:□男　　□女

2. 生日:＿＿＿＿年＿＿＿月＿＿＿日　　職業:＿＿＿＿

3. 電話:（請務必填寫一種聯絡方式）

　（日）＿＿＿＿＿＿＿　（夜）＿＿＿＿＿＿＿　（手機）＿＿＿＿＿＿＿

4. 地址:□□□＿＿＿＿＿＿＿＿＿＿＿＿＿＿＿＿＿＿

5. 電子信箱:＿＿＿＿＿＿＿＿＿＿＿＿＿＿＿＿＿

6. 您從何處購買此書?□＿＿＿＿＿＿＿縣/市＿＿＿＿＿＿＿書店/量販超商

　□＿＿＿＿＿＿＿網路書店　□書展　□郵購　□其他

7. 您何時購買此書?　　年　　月　　日

8. 您購買此書的原因:（可複選）

　□對書的主題有興趣　□作者　□出版社　□工作所需　□生活所需

　□資訊豐富　　□價格合理（若不合理,您覺得合理價格應為＿＿＿＿＿）

　□封面/版面編排　□其他＿＿＿＿＿＿＿＿＿＿＿＿＿＿＿＿

9. 您從何處得知這本書的消息:　□書店　□網路/電子報　□量販超商　□報紙

　□雜誌　□廣播　□電視　□他人推薦　□其他

10. 您對本書的評價:（1.非常滿意 2.滿意 3.普通 4.不滿意 5.非常不滿意）

　書名＿＿＿＿　內容＿＿＿＿　封面設計＿＿＿＿　版面編排＿＿＿＿　文/譯筆＿＿＿＿

11. 您通常以何種方式購書?□書店　□網路　□傳真訂購　□郵政劃撥　□其他

12. 您最喜歡在何處買書?

　□＿＿＿＿＿＿＿縣/市＿＿＿＿＿＿＿書店/量販超商　　□網路書店

13. 您希望我們未來出版何種主題的書?＿＿＿＿＿＿＿＿＿＿＿＿＿＿＿

14. 您認為本書還須改進的地方?提供我們的建議?

＿＿＿＿＿＿＿＿＿＿＿＿＿＿＿＿＿＿＿＿＿＿＿＿＿＿＿＿＿

＿＿＿＿＿＿＿＿＿＿＿＿＿＿＿＿＿＿＿＿＿＿＿＿＿＿＿＿＿

＿＿＿＿＿＿＿＿＿＿＿＿＿＿＿＿＿＿＿＿＿＿＿＿＿＿＿＿＿

＿＿＿＿＿＿＿＿＿＿＿＿＿＿＿＿＿＿＿＿＿＿＿＿＿＿＿＿＿